Rose Marie Donhauser

Italienische Trennkost

Rose Marie Donhauser

Italienische Trennkost

Bewusst genießen wie im Urlaub.
Originalrezepte von Südtirol bis Sizilien

Südwest

Inhalt

Italienische Küche und Trennkost – eine gelungene Partnerschaft

Die Hay'sche Trennkost ist eine sehr naturnahe Form der Ernährung, basierend auf den chemischen und physiologischen Verdauungsprozessen. Das Grundprinzip besteht darin, die Aufnahme von überwiegend kohlenhydrathaltigen Lebensmitteln und eiweißhaltigen Lebensmitteln zu trennen. Einige Lebensmittel werden als neutral angesehen, deshalb können sie mit Kohlenhydrat- und Eiweißmahlzeiten kombiniert werden.

Die Liebe zur italienischen Küche ist nach wie vor ungebrochen, ja, sie boomt ohne Ende. Und die erfolgreichste Ernährungsweise unserer Zeit ist die Trennkost. So ist es nahe liegend, diese zwei beliebten Kostformen zu einem siegreichen Doppel zusammenzuführen, zu einer Ernährungsform, die immer wieder erfrischend, variationsreich und gesund ist – und langfristig schmeckt. Denn wer schwärmt nicht von Pizzen, Mittelmeerfischen, gegrillten Gemüsen, feinen Fleischgerichten und schließlich den verführerischen italienischen Pastagerichten?
Wir zeigen Ihnen in diesem Buch, wie eine gesunde Trennkost in Verbindung mit original italienischer Küche aussieht. Sie werden begeistert sein – versprochen!

Ein Traum wird wahr – schlank und fit ohne Kalorienzählen

Keine Diät und alternative Ernährungsweise war je so erfolgreich wie die Trennkost. Dies liegt vor allem daran, dass die Trennkost alles andere ist als Verzicht und Kasteiung. Und dennoch hilft sie, das Gewicht zu halten oder sogar einige Pfunde zu verlieren.

Wie oft wurden schon Diäten ausprobiert und hingeworfen? Viel zu viel versprechen uns die nicht auszurottenden Crashkuren, bei denen mit Abnehmerfolgen geworben wird, die genauso utopisch sind wie kontinuierliche Geldrenditen von über 30 Prozent. Zeitschriften, in denen Modediäten vorgestellt werden, erfahren hohe Verkaufserfolge – einfach deshalb, weil alle auf das Zauberwort Diät reagieren. Jeder will schlank, schön, gesund und erfolgreich sein – genau in dieser Reihenfolge. Doch dass das nicht von heute auf morgen geht – und dass bei Blitzdiäten die Gefahr viel zu hoch ist, allzu schnell wieder in den alten Trott zurückzufallen –, das will keiner wahrhaben.

Menschen, die das jahrelange Diäthalten satt haben, gefrustete FDHler, die ihre Mahlzeiten bisher nur nach Kalorien und Joule beurteilten, und alle, die bei der neuesten Modediät immer die Ersten waren, können aufatmen. Sie werden in der hier vorgestellten italienischen Trennkost eine schmackhafte und wirkungsvolle Ernährungsform finden, mit der das Auf und Ab auf der Waage ein Ende hat – ganz ohne Kalorienzählen.

Trennkost – eine Trennung, die gut tut

Die Hay'sche Trennkost, basierend auf der Lehre des amerikanischen Arztes Dr. Howard Hay, reformierte unser Gesundheits- und Diätbewusstsein drastisch. Hay beschäftigte sich mit der Ernährung in erster Linie als Mediziner. Er selbst befreite sich durch die Trennung von Kohlenhydraten und Eiweiß in seiner Ernährung von einer Nierenerkrankung, die bis dato als unheilbar galt. Der Abnehmerfolg seiner revolutionären Lebensmitteltrennung war dabei lediglich ein Nebeneffekt, nicht sein von vornherein angestrebtes Ziel. Dennoch wurde er zum Urvater einer neuen Diät.

Unseren Körper kann man mit einer komplizierten Maschine vergleichen, die nur so gut läuft wie sie versorgt wird. Input und Output sind die magischen Zauberworte – oder vereinfacht: »Du bist, was du isst.« Führen wir unserem Körper die »falschen« Nahrungsmittel oder die »falschen« Nahrungsmittelkombinationen zu, kann dies von kleinen »Wehwehchen«, die sich oft erst Jahre oder Jahrzehnte später als definierte Krankheiten manifestieren, bis hin zu schweren Krankheiten führen.

Warum die Trennung?

Die Trennkost folgt einem einfachen Prinzip der biochemischen Natur: In unserem Speichel befindet sich u. a. das Enzym Ptyalin, welches beim Kauen bereits die Vorarbeit der Nahrungsaufspaltung verrichtet. Bei der gleichzeitigen Aufnahme von Eiweiß und Kohlenhydraten kann dieses Enzym die Nahrungsbestandteile nicht vollständig aufspalten. Eiweiß und Kohlenhydrate gelangen beide mehr oder minder unverdaut in den Magen, das chemische Gleichgewicht ist nicht gegeben. Es kommt zu einer schädlichen Übersäuerung des Körpers, die sich in mangelnder Fitness und verschiedensten Beschwerden äußert.

Essen wir dagegen Kohlenhydrate und Eiweiß separat, kann Ptyalin die Aufspaltung exakt vollziehen. Übersetzt heißt das, dass nur bei der Trennung von kohlenhydrat- und eiweißreichen Nahrungsmitteln die Speisen optimal verwertet werden.

Wenn Sie lediglich diese Grundregel, das Credo von Dr. Hay, beachten, dürfen Sie sicher sein, dass Ihnen Ihr Körper ein Leben lang dankbar sein wird. Dr. Hay will mit seiner Ernährungsform unser Gesundheitsbewusstsein wachrütteln und uns aufzeigen, dass unser Körper »eine bessere, bewusstere Behandlung« durch uns selbst erfahren sollte.

Der Mensch und die Natur

Die Grundregeln von Dr. Hay besagen neben dem Prinzip der Nährstofftrennung weiterhin, dass alle natürlichen Lebensmittel, die in irgendeiner Weise verändert wurden, denaturiert sind. Sie befinden sich nicht mehr im Urzustand, die Natur tritt in den Hintergrund – was bleibt, sind präparierte, ungesunde Nahrungsmittel.

Zu den natürlichen Lebensmitteln zählen in der Trennkost Gemüse, Obst, Salate und Vollkornprodukte. Werden diese durch Weiterverarbeitung verändert, kommt es zu hohen Verlusten an Mineralien, Ballaststoffen und vor allem Vitaminen. Beispiele solch verarbeiteter Lebensmittel sind insbesondere raffinierter Zucker, Getreideerzeugnisse aus Mehlen mit niedrigem Ausmahlungsgrad, eingemachte Früchte und Marmeladen mit viel Zucker und Fertigprodukte. Der Verzehr von denaturierten Lebensmitteln führt zu einer schädlichen Übersäuerung des Körpers.

Mit ein wenig Hintergrundwissen, welche Lebensmittel zu welcher Gruppe zu zählen sind, ist das Trennen ganz einfach. In diesem Buch können Sie sich einfach auf unser Farbleitsystem verlassen: Kohlenhydrathaltige Gerichte sind rot markiert, Eiweißmahlzeiten blau, und neutrale Speisen sind in Grün gehalten. Eine detaillierte Auflistung, wie einzelne italienische Lebensmittel einzustufen sind, finden Sie in der Tabelle am Ende des Buches auf Seite 111. Alle anderen Lebensmittel zeigt Ihnen die Trennkost-Drehscheibe. Sie steckt in der Lasche auf der letzten Seite.

Langfristig topfit mit der richtigen Ernährung

Bevor Sie mit der Trennkost beginnen, sollten Sie sich einmal die Mühe machen, Ihre Ernährungsgewohnheiten einige Zeit zu beobachten: Essen Sie genug Frischkost, wie Obst, Gemüse und Salate? Wie oft werden Fertigprodukte verzehrt? Essen Sie häufig und viel Fleisch (= Säure bildendes Eiweiß)? Und schließlich: Welche Aufmerksamkeit widmen Sie Ihrem Essen? Essen Sie oft in Hast und nebenher, sind Sie ein Frust- oder Stressesser – oder sind Sie ein Genießertyp, der sich bei den Mahlzeiten nicht ablenken lässt, und haben Sie lediglich Ihr Wunschgewicht noch nicht erreicht?

Erste Stufe nach Dr. Hay – Säure und Basen bildende Lebensmittel

Gewöhnen Sie Ihren Körper langsam an die langfristige Ernährungsweise nach dem natürlichen Prinzip von Dr. Hay. Der Tagesplan Ihrer Nahrung soll letztlich zu 80 Prozent aus natürlichen, im Körper Basen bildenden Salaten, Früchten und Gemüsen bestehen. Nur 20(!) Prozent sollten aus Säure bildenden stark eiweißhaltigen und hochverarbeiteten Nahrungsmitteln wie Fisch, Fleisch, Eier, Käse, Wurst, Süßigkeiten, Alkohol, Weißmehlprodukten und Kaffee bestehen. Folgen Sie nur diesem Grundprinzip, der ersten Stufe von Dr. Hay, so werden Sie Ihre zunehmende körperliche Fitness spüren, bereits einiges abnehmen und langfristig Ihr Gewicht halten können.

Zweite Stufe nach Dr. Hay – Trennen von Eiweiß und Kohlenhydraten

Nachdem Sie die Säure und Basen bildenden Nahrungsmittel erfolgreich nach dem 80:20-Prinzip in Ihrem Speiseplan geordnet haben, gilt es nur noch, diese getrennt nach Eiweiß und Kohlenhydraten genüsslich zu verspeisen. So einfach, so wirksam und so gesund.
Jedoch, eine 100-prozentige Trennung von Eiweiß und Kohlenhydraten in unseren Nahrungsmitteln gibt es nicht. In Fleisch und Fisch, die als eiweißhaltig eingestuft werden, sind Spuren von Kohlenhydraten vorhanden. Gemüse, die als neutral eingestuft werden, enthalten in geringen Mengen Kohlenhydrate und Eiweiß.
Ebenso sind in Reis, Kartoffeln und Nudeln, die als kohlenhydratreich eingestuft werden, geringe Mengen an Eiweiß zu finden.

Unsere italienische Trennkost mit Dr. Hay als Vorbild

Sicherlich werden Sie es auf Dauer schaffen, konsequent nach der Trennkost zu leben, und damit rundherum zufrieden und topfit sein. Doch es wird immer wieder Ausnahmen von der Trennkostregel geben, sei es im Urlaub, seien es Feste oder Einladungen oder einfach der Heißhunger, der uns überfällt und uns nach einem Schokoriegel, nach einem Dessert mit weißem Zucker oder nach süßen Backwaren aus Weißmehl greifen lässt.
Deswegen braucht sich keiner Schuldgefühle aufzuladen, das ist einfach menschlich und normal. So würde es auch keinen Sinn machen, in diesem Buch das Dessertkapitel zu streichen, obwohl wir wissen, dass z. B. Zucker zu den ungesunden, Säure bildenden Kohlenhydraten zählt. Genauso wissen wir, dass es keinen Spaß macht, jeden Tag Vollkornnudeln zu essen. Vor diesem Hintergrund möchten wir Ihnen mit diesem Buch eine verführerische italienische Küche präsentieren, mit Rezepten, in denen das Prinzip der harmonischen Trennung befolgt wird – jedoch mit dem Hinweis, dass die Gerichte auch oft zusätzlich ein paar der »ungesunden« Kohlenhydrate enthalten. Strenge Trennköstler werden das sofort erkennen – und können diese Gerichte gleich aus Ihrem Speiseplan verbannen.

Mit Trennkost kann man jederzeit beginnen

Wann immer Sie wollen, können Sie Ihren Ernährungsfahrplan auf Trennkost umstellen. Damit Sie jedoch auch möglichst bald Gewicht verlieren, empfehlen wir vor dem Beginn einige Entschlackungstage, die auch zum Regenerieren des Körpers dienen. Ob Sie dafür einen Reis- oder Kartoffeltag – ganz ohne Salz, um gut zu entwässern – oder einen Obsttag – zum Herausschwemmen der Schlacken – wählen, bleibt Ihnen überlassen. Suchen Sie sich dafür ein ruhiges Wochenende zu Hause aus, dann ist am Montag Ihr Körper für den Start mit der Trennkost bereit.

Wem die Entschlackungstage zu entbehrungsreich sind, der kann auch sofort mit der Trennkost beginnen, es wird dann nur einige Tage länger dauern, bis sich der Körper auf die neue Ernährungsform umgestellt hat und Sie erste Erfolge deutlich spüren und sehen können.

Essen all'italiana – eine trennköstliche Menüfolge

Beim näheren Betrachten der italienischen Küche stellt man fest, dass bereits traditionell überwiegend getrennt gegessen wird. Antipasti, gemischte neutrale Salate oder Gemüse sind der Auftakt zum Menü, die primi piatti bestehen aus kohlenhydratreichen Teigwaren oder Reisgerichten und die piatti freddi aus kalten, eiweißreichen Fleischwaren. Als secondi piatti werden eiweißreicher Fisch oder Fleisch serviert, dazu gibt es contorni, neutrale Beilagen. Zum grande finale steht eine Auswahl verschiedener Käse – formaggi – und natürlich dolci zur Verfügung, von Früchten bis Eis. Die italienische Küche ist dolce vita pur mit eingebautem Trennprinzip.

Die italienische Küche ist nahezu prädestiniert für die Trennkost.
Gut, es gibt bestimmte Kombinationen und Leckereien, die nicht dem strengen Trennkostprinzip entsprechen, aber kleine »Grenzüberschreitungen« um des Genusses willen sind noch kein Beinbruch. Die typischen Spezialitäten der einzelnen Regionen und interessante Informationen zu italienischen Lebensmitteln finden Sie unter der Rubrik:

In der cucina italiana ...

Wie Sie sehen, ist es überhaupt kein Problem, über den Tag hinweg und nach italienischem Vorbild zu trennen. Und alles, was Spaß macht und schmeckt, ist dabei, sogar ein Gläschen Wein und ein Stück guter Käse zum Abschluss eines gelungenen Essens. Buon appetito!

Der italienische Essensfahrplan

Prima colazione – Frühstück

Nehmen Sie Ihr Frühstück wie gewohnt ein, als Kohlenhydrat- oder Eiweißmahlzeit. Verzehren Sie beispielsweise gemischte frische Früchte oder Nüsse mit Naturjoghurt (Eiweißmahlzeit) oder Brötchen mit Butter und Käse (ab 45 Prozent Fett i. Tr.) als Kohlenhydratmahlzeit.

Spuntini – Zwischenmahlzeiten

Zu den Zwischenmahlzeiten knabbern Sie am besten viel Rohkost, etwa Möhren, Äpfel, Orangen und Staudensellerie. Aber auch ein süßes Dessert ist als Zwischenmahlzeit zu einer Tasse Kaffee erlaubt, vorausgesetzt, die letzte Mahlzeit liegt mehr als drei Stunden zurück.

Pranzo – Mittagessen

Verzehren Sie mittags möglichst Eiweißmahlzeiten, denn am Abend genossen ist Eiweiß schwerer verdaulich. Eröffnen Sie die Mahlzeit mit Salat, genießen Sie zum Hauptgang Fleisch oder Fisch, und schließen Sie das Essen ganz nach Appetit mit einem Eiweißdessert ab. Dazu können Sie ein Gläschen Weißwein genießen, denn von der Säure her passt weißer Wein am besten zu Eiweißmahlzeiten. Spezielle Sortenempfehlungen finden Sie bei den einzelnen Rezepten.

Cena – Abendessen

Am Abend sollten überwiegend Kohlenhydratmahlzeiten verzehrt werden. Diese wiederum mit einem Vorspeisensalat und zum grande finale, bei besonderen Anlässen, mit einem kohlenhydratreichen Dessert servieren. Zu pasta, risotto, patate und polenta passt Rotwein sehr gut. Auch hier haben wir für Sie spezielle Sortenempfehlungen bei den Rezepten bereit.

Trennkost im Alltag – Antworten auf die häufigsten Fragen

Frage 1: Ich esse nicht zu Mittag, gibt es da Probleme mit der Trennkost?
Antwort: Ich esse selbst auch nicht zu Mittag und wechsle daher täglich bei den Abendmahlzeiten zwischen Eiweißen und Kohlenhydraten. Es funktioniert prächtig – man muss nur seinen Körper richtig kennen.

Frage 2: Ich frühstücke nicht und bin abends oft eingeladen – ich fürchte, ich kann die Trennkost nicht konsequent durchhalten.
Antwort: Was ist hier problematisch? Die Trennkosttabelle kennen Sie bereits nach kurzer Zeit auswendig. Befolgen Sie dann einfach nur die Grundregeln der Trennung, zu Hause wie auswärts.

Frage 3: Was mache ich im Urlaub mit der Trennkost?
Antwort: Das jeweilige, besonders auch das landestypische, Essen schlichtweg genießen – unter Beachtung der einfachen Regeln der harmonischen Trennung nach Dr. Hay.

Frage 4: Ich kann mir nicht vorstellen, dass ich die Trennkost für immer durchhalte – Vitello tonnato ohne Olivenbrot oder bei frischen Muscheln den Sud nicht mit Weißbrot austunken zu können ...
Antwort: Das ist alles eine Frage der Gewohnheiten und der Lebenseinstellung. Was Sie wirklich wollen, werden Sie auf Dauer auch umsetzen können. Genießen Sie das Vitello als Mittagessen mit gebratenem Gemüse, und schwelgen Sie am Abend mit Olivenbrot und viel Käse im italienischen Kohlenhydrathimmel.

Frage 5: Ich bin total ins Fettnäpfchen getreten und habe wochenlang überhaupt nicht getrennt.
Antwort: Einfach wieder mit der Trennkost anfangen – dafür ist es nie zu spät. Ihr Körper wird es Ihnen danken.

Frage 6: Ich habe gedacht, Alkohol wäre in der Trennkost verboten, und jetzt machen Sie auch noch spezielle Weinvorschläge!
Antwort: Alles, was verboten ist, schmeckt noch besser. Natürlich ist es absolute Spitzenklasse, wenn Sie ausschließlich Wasser, Tees und Gemüsesäfte trinken, aber hin und wieder ein Gläschen Wein oder eine Flasche mit Freunden, das muss schon drin sein.

Frage 7: Ich bin so ein »Hin-und-wieder-Trenntyp«. Hat das eigentlich Sinn?
Antwort: Wenn Sie damit meinen, dass Sie von Montag bis Freitag trennen, sich am Wochenende aber nicht um die Trennung kümmern, dann würde ich sagen, das ist besser als nichts. Viele Menschen haben ihren Körper darauf eingestellt, während der Arbeitswoche das »Wochenendkilo« wieder herunterzubringen.

Wie strikt Sie selbst das Trennkostprinzip handhaben wollen, ist Ihnen überlassen; auch in kleinen Schritten kommt man zum Ziel. Lassen Sie sich nicht verunsichern: Grundsätzlich können Sie mit der Trennkost jederzeit anfangen. Und nach kleinen Ausrutschern sollten Sie nicht aufgeben, sondern versuchen, baldmöglichst wieder in die Trennkostharmonie zurückzufinden.

Salate, Gemüse, Eier und Käse

Insalate, verdure, uova e formaggi

Gemüse spielt in allen Regionalküchen Italiens eine große Rolle. Knackig frisch und sonnenverwöhnt, benötigt es als Würze kaum mehr als einige Tropfen gutes Olivenöl, Salz und frisch gemahlenen Pfeffer. Salate erhalten durch Weinessig oder den besonders aromatischen Aceto balsamico ihren typischen Geschmack. Die italienischen Käsespezialitäten wie Mozzarella, Gorgonzola und Parmesan vollenden Gerichte aus dem Backofen – mit einer goldgelben, knusprigen Kruste.

Eiweißreich

Lauwarmer Kaninchensalat

Insalata con coniglio tiepido

Ein Gaumenfest

Für 2 Portionen

200 g ausgelöstes Kaninchenfleisch vom Rücken
2 Knoblauchzehen
grob geschroteter schwarzer Pfeffer
200 g gemischte Blattsalate (Lollo Rosso, Römischer Salat, Batavia und Feldsalat)
1/2 Fenchelknolle
2 eingelegte Artischockenherzen
4 eingelegte getrocknete Tomaten
2 EL Butter
Salz
5 cl Marsala (italienischer Dessertwein)
4 EL Walnussöl
2 EL Himbeeressig
2 EL gehackte Walnüsse

Zubereitungszeit
etwa 20 Minuten

Pro Portion
3607 kJ/865 kcal
21 g Eiweiß
74 g Fett
6 g Ballaststoffe
35 mg Cholesterin

Getränketipp
Dazu passt ein weißer Fiano di Avellino aus dem südlichen Italien.

1 Das Kaninchenfleisch kalt abspülen, mit Küchenpapier trockentupfen und in sehr dünne gleichmäßige Streifen schneiden. Knoblauch abziehen und durch die Presse drücken. Kaninchenfleisch mit Knoblauch und Pfeffer vermischen.

2 Die Blattsalate verlesen, putzen und waschen. Gut abtropfen lassen. Feldsalat ganz lassen, von den anderen Salatblättern weichere etwas kleiner zupfen, festere in Streifen schneiden. Den Fenchel in seine Blätter zerteilen, diese putzen, waschen und in Streifen schneiden. Artischockenherzen vierteln, die Tomaten waschen, trocknen und in Streifen schneiden.

3 Die Butter in einer Pfanne erhitzen. Die Fleischstreifen einlegen und von allen Seiten scharf anbraten. Die Fleischstreifen auf einen Teller legen und salzen.

4 Den Bratensatz in der Pfanne mit Marsala loskochen und in einer Schüssel mit Walnussöl und Himbeeressig verschlagen. Mit Salz und Pfeffer würzen.

5 Blattsalate, Artischocken, Tomaten und Fenchel mit der Marinade locker vermischen und auf zwei große Teller verteilen. Die Kaninchenstreifen darüber geben und den Salat mit Walnüssen bestreut sofort servieren.

Tipps

- Reichen Sie zu diesem Hauptspeisensalat als Vorspeise eine Tomatensuppe, und servieren Sie als Dessert frische Früchte der Saison.
- Das Kaninchenfleisch können Sie nach Belieben auch durch Geflügel-, Kalb-, Rind- oder Schweinefleisch ersetzen.

Artischocken mit Trüffelsauce

Carciofi al tartufo

1 Reichlich Wasser mit Zitronensaft und Salz aufkochen. Die Artischocken unter kaltem Wasser waschen, putzen, die Stielansätze wegschneiden und die Artischocken in das kochende Wasser geben. Die Garzeit beträgt bei mittlerer Hitze knapp 30 Minuten. Zwischendurch testen, ob sich die Blätter bereits leicht vom Artischockenboden lösen lassen.

2 Die Trüffel putzen und in feine Späne hobeln. In einem kleinen Topf Trüffelfond, Portwein und Wermut aufkochen. Sahne einrühren und alles 10 Minuten leicht kochen lassen. Kurz vor dem Servieren die Butter in Stückchen mit einem Schneebesen kräftig unterrühren. Die Sauce leicht salzen und pfeffern und die Trüffelspäne unterheben.

3 Die Artischocken abgießen und gut abtropfen lassen. Auf zwei tiefen Tellern servieren und für jeden Gast Trüffelsauce in einem Portionsschälchen zum Dippen dazu reichen.

Variante

Da Trüffel nur saisonal, im Winter, angeboten werden, können Sie zu anderen Jahreszeiten die Artischocken alternativ mit einer Cocktail- oder Tomatensauce, einem Pesto oder einer aufgeschlagenen Eiersauce servieren.

Tipps

• Sollten Sie das erste Mal frische Artischocken essen: Die Artischocke im Ganzen oder als Hälften servieren. Ein Blatt nach dem anderen abziehen, das fleischige Unterteil in Sauce dippen und mit den Zähnen abziehen. Zuletzt das faserige Heu vom Boden abkratzen und Schalenteile rundherum wegschneiden.
• Genießen Sie zu diesem edlen Gericht als Vorspeise ein Carpaccio aus hauchdünnen Rinderfiletscheiben, womit es zum Eiweißgericht wird. Richten Sie das Fleisch fächerartig an, beträufeln Sie es mit Olivenöl, und würzen Sie es mit grob geschrotetem Pfeffer und mit Spänen von Parmigiano Reggiano.

Für besondere Anlässe

Für 2 Portionen
Saft von 1/2 Zitrone
Salz
2 große oder
4 kleine Artischocken
1 kleines Stück
weiße oder schwarze
Trüffel (20–40 g)
5 cl Trüffelfond
(Fertigprodukt)
3 cl weißer Portwein
3 cl Wermut (Noilly Prat)
150 g Sahne
50 g kalte Butter
Salz
schwarzer Pfeffer

Zubereitungszeit
etwa 30 Minuten

Pro Portion
2140 kJ/511 kcal
7 g Eiweiß
45 g Fett
21 g Ballaststoffe
144 mg Cholesterin

Getränketipp
Im Piemont, um in der Trüffelregion zu bleiben, erzeugt der Winzer Angelo Gaja hervorragende Weine. Zu diesem eiweißreichen Artischockengericht passt ein roter Barbaresco oder in eiweißreicher Kombination mit dem Rindercarpaccio (siehe Tipps) ein weißer Chardonnay Gaja & Rey.

Neutral

Traubensalat mit Käse

insalata con uva e formaggio

Ein herbstlicher Genuss

Für 2 Portionen
300 g süße Muskatellertrauben
1/2 Römischer Salat
50 g Walnusskerne
50 g Pinienkerne
100 g Gorgonzola
1 Knoblauchzehe
5 EL Walnussöl
3 EL Aceto balsamico
Meersalz
schwarzer Pfeffer

Zubereitungszeit
etwa 30 Minuten

Pro Portion
3607 kJ/865 kcal
21 g Eiweiß
74 g Fett
28 g Kohlenhydrate
6 g Ballaststoffe
35 mg Cholesterin

Getränketipp
Dazu passt ein spritziger Weißwein aus der Provinz Trient, z. B. ein Pinot bianco oder Traminer. Wird der Salat als Kohlenhydratmahlzeit gereicht, harmoniert ein roter Südtiroler Lagrein.

1 Die Trauben entstielen, waschen, je nach Größe halbieren und trockentupfen. Den Salat in Blätter zerteilen, diese putzen, waschen, trockenschwenken und quer in Streifen schneiden.

2 Die Walnuss- und Pinienkerne klein hacken. Den Gorgonzola in kleinste Stückchen schneiden. Den Knoblauch abziehen und fein würfeln.

3 Das Walnussöl mit Aceto balsamico kräftig verrühren und mit Salz und Pfeffer würzen. Alle Zutaten locker vermischen und auf großen Tellern anrichten.

Varianten

- Der neutrale Salat ist mit Knoblauchbrot eine Kohlenhydratmahlzeit. Weißbrot ein paar Mal tief quer einschneiden und mit Knoblauchbutter füllen. Im Backofen knusprig backen.
- Mit scharf angebratenen Streifen von Kalbsleber und ohne Brot wird der Salat zur pikanten Eiweißmahlzeit.

In der cucina italiana ...

... liebt man Nüsse und Samen. Der botanische Name des Walnussbaums setzt sich aus den lateinischen Wörtern für Jupiter und Eichel zusammen. Und tatsächlich haben bereits die Römer Nussbäume kultiviert.
Walnussbäume sind in Europa im Mittelmeerraum, winterharte Varianten auch in den gemäßigten Breiten heimisch.
In der Küche werden Walnüsse unreif oder ausgereift, frisch oder getrocknet, pur oder angeröstet verwendet. Aus den Kernen wird ein Öl mit ausgeprägtem Aroma gepresst, das Salaten mit seinem nussigen Geschmack eine edle Note gibt.
Pinienkerne, die Samen einer im Mittelmeergebiet heimischen Pinienart, dürfen im ligurischen Pesto auf keinen Fall fehlen. Auch in vielerlei Gebäck und Süßspeisen findet man sie. Die schmackhaften Kerne sind, meist angeröstet, eine feine Beigabe zu Gemüsesaucen, und sie harmonieren, wie in diesem Rezept vorgestellt, ausgezeichnet mit Käse.

Artischocken mit Thunfisch

Carciofi con tonno

1 Reichlich Wasser mit Zitronensaft und Salz aufkochen. Die Artischocken unter fließendem kaltem Wasser waschen, putzen, die Stielansätze wegschneiden und die Artischocken in das kochende Wasser geben. Die Garzeit beträgt bei mittlerer Hitze etwa 30 Minuten. Zwischendurch testen, ob sich die Blätter bereits leicht vom Artischockenboden lösen lassen.

2 In der Zwischenzeit den Thunfisch abtropfen lassen und in einer Schüssel mit einer Gabel zerpflücken.

3 Die Anchovisfilets kalt abspülen, mit Küchenpapier trockentupfen und fein hacken. Die Petersilie waschen und trockenschwenken. Die Blättchen von den Stielen zupfen und fein hacken. Die Oliven entkernen und in dünne Streifen schneiden.

4 Die Kapern mit einem Messerrücken zerdrücken. Alle vorbereiteten Zutaten mit dem Olivenöl locker vermischen. Mit Salz und Pfeffer würzen.

5 Die Artischocken aus dem Wasser nehmen, umgekehrt gründlich abtropfen lassen und der Länge nach halbieren. Wahlweise Artischockenhälften und Thunfisch separat servieren oder das Innere der Artischockenhälften etwas auskratzen und diese mit dem Thunfischsalat gefüllt reichen.

Tipp

Artischocken und Fisch, dazu servieren Sie am besten eine selbst geschlagene Zitronenmayonnaise.

In der cucina italiana ...

... wird gerne Thunfisch gegessen. Frisch wird er in Scheiben geschnitten gebraten, zu Spießen gesteckt oder als aufgerollte und gefüllte Filets zubereitet. In Dosen konserviert ist er eine feine Beigabe zu Salaten, zu verschiedenen kalten Antipasti und zu Saucen.

Eiweißreich

Eine pikante Vorspeise

Für 2 Portionen
Saft von 1/2 Zitrone
Salz
2 große oder
4 kleine Artischocken
1 kleine Dose Thunfisch
2 eingelegte Anchovisfilets
1/2 Bund glatte Petersilie
50 g schwarze Oliven
2 EL eingelegte Kapern
5 EL Olivenöl
schwarzer Pfeffer

Zubereitungszeit
etwa 45 Minuten

Pro Portion
2351 kJ/561 kcal
22 g Eiweiß
50 g Fett
19 g Ballaststoffe
53 mg Cholesterin

Getränketipp
Dazu passt gut gekühlter Prosecco oder Pinot Grigio.

Neutral

Gemüseterrine mit Pilzen

Gelatina di funghi e verdura

Für Gäste

Für 1 Kastenform
1 Möhre (ca. 150 g)
250 g Brokkoli
Meersalz
500 g gemischte Pilze (Pfifferlinge, Steinpilze, Champignons und Austernpilze)
1 Zwiebel
2 Knoblauchzehen
1/2 Bund glatte Petersilie
4 EL Olivenöl
schwarzer Pfeffer
2 TL Aceto balsamico
1/2 l Gemüsebrühe
3 Tütchen Gelatinepulver à 9 g

Zubereitungszeit
etwa 4 Stunden
Kühlzeit mindestens 3 Stunden

Pro Portion
3166 kJ/754 kcal
42 g Eiweiß
58 g Fett
17 g Kohlenhydrate
31 g Ballaststoffe
0 mg Cholesterin

Getränketipp
Dazu passt aus der Winzergemeinschaft der zwölf Gemeinden im Eisacktal ein weißer Gewürztraminer, Veltliner oder ein Sylvaner Südtiroler Eisacktaler.

1 Die Möhre schälen und in kleine Würfel schneiden. Brokkoli in kleine Röschen teilen, putzen, gründlich waschen und in kochendem Salzwasser 2 Minuten blanchieren. Mit kaltem Wasser abschrecken und abtropfen lassen.

2 Die Pilze putzen und in kleine Stücke schneiden. Zwiebel und Knoblauch abziehen und fein würfeln. Die Petersilie waschen, trockenschwenken, die Blättchen von den Stielen zupfen und fein hacken.

3 Das Olivenöl in einem Topf erhitzen und darin Zwiebel-, Knoblauch- und Möhrenwürfel anbraten. Die Pilze hinzufügen und das Gemüse dünsten, bis der Pilzsaft verdampft ist. Mit Salz, Pfeffer sowie mit 1 Teelöffel Aceto balsamico würzen und die Petersilie einrühren. Den Pfanneninhalt auf einen Teller geben und im Kühlschrank abkühlen lassen.

4 Die Gemüsebrühe aufkochen, die Hitze reduzieren und das Gelatinepulver einrühren. Mit Salz, Pfeffer und restlichem Aceto balsamico würzen.

5 Eine Kastenform mit Klarsichtfolie auskleiden. Das Gemüse in der Form verteilen und mit Brühe aufgießen. Die Terrine in den Kühlschrank stellen und zum Festwerden mindestens 3 Stunden ruhen lassen.

6 Zum Servieren die Form stürzen, die Folie entfernen und die Terrine mit einem großen dünnen, sehr scharfen Messer oder mit einem elektrischen Messer in Scheiben schneiden.

Variante

Für diese glasige Terrine eignet sich jegliches Gemüse der Saison, auch Käsescheiben können mit eingebettet werden.

Tipps

- Servieren Sie die Terrine als Eiweißmahlzeit mit gebratenem Rinder- oder Schweinefilet und Pesto.
- Für eine Kohlenhydratmahlzeit reichen Sie Crostini und gemischten Salat dazu.
- Die Gemüseterrine eignet sich auch ideal als neutrale Vorspeise zu einem Eiweiß- oder Kohlenhydrathauptgericht.

In der cucina italiana …

… trifft die österreichische mit der Trentiner Küche zusammen und lässt uns die dortigen Essensgewohnheiten und Gerichte in vielem vertraut erscheinen – etwa die Pasta, die man hier nicht nur als primo piatto, sondern oft auch als Beilage serviert bekommt, auch die Suppe, die gerne als erster Gang serviert wird. In der Küche Südtirols und des Trentino findet man im Vergleich zum übrigen Italien häufig Kraut und Schweinefleisch – und Brot, man denke nur an Vinschgerl und Schüttelbrot. Auch wird in dieser Region viel mit Äpfeln, Pilzen und Wild gekocht – mit all dem, was man traditionell in den Bergen und Tälern anbauen, sammeln und erjagen konnte.

Kohlenhydratreich

Champignons und Crostini aus dem Ofen

Funghi al forno con crostini

Schmeckt auch kalt

Für 2 Portionen

2 Fleischtomaten
einige Blättchen frisches Basilikum
300 g Champignons
Salz
schwarzer Pfeffer
6 EL Olivenöl
4 Scheiben Weißbrot

Zubereitungszeit

etwa 1 Stunde

Pro Portion

2332 kJ/556 kcal
37 g Fett
44 g Kohlenhydrate
7 g Ballaststoffe
0 mg Cholesterin

Getränketipp

Dazu passt roter Chianti Classico oder ein guter Lambrusco.

1 Den Backofen auf 200 °C (Umluft 180 °C, Gas Stufe 3–4) vorheizen. Fleischtomaten kreuzweise einschneiden, mit kochendem Wasser überbrühen, abziehen und entkernen. Das Fruchtfleisch klein würfeln. Basilikum waschen, trockentupfen und in feine Streifen schneiden.

2 Die Champignons putzen und häuten. Zusammen mit Salz, Pfeffer und 4 Esslöffeln Olivenöl in einer ofenfesten Form vermengen. In den Backofen (mittlere Schiene) schieben und die Pilze etwa 20 Minuten backen.

3 Inzwischen die Brotscheiben mit Tomatenstücken und Basilikum belegen. Salzen, pfeffern und mit Olivenöl beträufeln. Auf ein Blech legen.

4 Die Pilze aus dem Ofen nehmen und zugedeckt warm halten. Die Brote etwa 10 Minuten im Backofen backen und mit den Champignons servieren.

Tipp

Lassen Sie die Brote weg, und servieren Sie die Champignons stattdessen mit einem Fleischgericht als Eiweißmahlzeit.

In der cucina italiana …

… wird ein herrlich frischaromatisches Würzkraut, das Licht und Wärme liebt, verschwenderisch eingesetzt – Basilikum. Die Italiener verwenden es ausschließlich frisch, denn in getrockneter Form verliert es den Großteil seines feinen Aromas.
Am besten konserviert man frisches Basilikum, indem man die abgespülten und trockengetupften Blättchen hackt, in ein Glas gibt und mit feinstem Olivenöl übergießt. Dunkel und kühl lagern, sonst verdirbt das Öl schnell.

Kohlenhydratreich

Überbackener gefüllter Fenchel

Finocchi ripieni al forno

Für Gemüsefans

Für 2 Portionen
2 große Fenchelknollen
Meersalz
Butter für die Form
200 g Sahne
1/8 l Gemüsebrühe
100 g feiner Maisgrieß (Polenta)
2 Eigelbe
100 g Gemüsemais
schwarzer Pfeffer
1 Messerspitze frisch geriebene Muskatnuss
100 g frisch geriebener Grana Padano
Olivenöl zum Beträufeln

Zubereitungszeit
etwa 40 Minuten

Pro Portion
3963 kJ/946 kcal
63 g Fett
57 g Kohlenhydrate
17 g Ballaststoffe
408 mg Cholesterin

Getränketipp
Dazu passt ein roter Colli Euganei aus der Provinz Padua oder ein roter Lison Pramaggiore aus den Provinzen Pordenone, Treviso oder Venedig.

1 Die Fenchelknollen der Länge nach halbieren, putzen, die Strünke entfernen. Fenchel unter fließendem kaltem Wasser waschen, das Fenchelkraut fein hacken und beiseite stellen. Reichlich Salzwasser aufkochen, die Fenchelhälften hineinlegen und 5 bis 8 Minuten garen.

2 Den Fenchel in ein Sieb gießen, kalt abbrausen und abtropfen lassen. Aus den Fenchelhälften das Innere vorsichtig herauslösen und klein würfeln. Den Backofen auf 160 °C (Umluft 140 °C, Gas Stufe 1–2) vorheizen und eine größere Auflaufform mit Butter ausstreichen.

3 Die Sahne mit der Gemüsebrühe in einem weiten Topf aufkochen. Den Maisgrieß einrühren, unter mehrmaligem Rühren etwa 2 Minuten quellen lassen, von der Kochstelle nehmen. Eigelbe und Maiskörner unterrühren und die Masse mit Salz, Pfeffer und Muskatnuss pikant würzen. Zuletzt den Käse und die Fenchelwürfel untermischen.

4 Die Fenchelhälften dicht nebeneinander in die Auflaufform setzen. Mit der Grießmasse füllen, was zu viel ist, über die Gemüseränder streichen. Die Grießmasse mit etwas Olivenöl beträufeln und den Fenchel im Backofen (mittlere Schiene) etwa 10 Minuten überbacken, bis die Oberfläche goldbraun ist. Mit Fenchelgrün garniert servieren.

Variante

Den Fenchel wie beschrieben vorbereiten und blanchieren und die Hälften in Streifen schneiden. Fenchelstreifen in eine flache Auflaufform legen und mit Sahne, geriebenem oder in Scheiben geschnittenem Käse nach Wahl und Gemüsemais überbacken.

Tipps

- Als Vorspeise zu diesem Gericht können Sie Kopfsalatherzen mit Walnussöl und Vanilleessig servieren.
- Als Nachspeise genießen Sie am besten einen Cappuccino und Amaretti.

Überbackene Spinatnocken

Malfatti gratinati

Ein Festessen

Für 2 Portionen
450 g tiefgefrorener Blattspinat
1 Schalotte
2 Knoblauchzehen
1 TL Butter
100 g Ricotta (italienischer Frischkäse)
2 Eigelbe
Salz
schwarzer Pfeffer
1 Messerspitze frisch geriebene Muskatnuss
150 g Vollkornmehl
Olivenöl für die Form
100 g frisch geriebener Parmigiano Reggiano (Parmesan)
Olivenöl zum Beträufeln

Zubereitungszeit
etwa 1 Stunde

Pro Portion
2850 kJ/680 kcal
35 g Fett
47 g Kohlenhydrate
14 g Ballaststoffe
318 mg Cholesterin

Getränketipp
Dazu passt ein würziger, zwei bis vier Jahre alter Rotwein San Colombano oder San Colombano al Lambro aus den Provinzen Mailand oder Pavia.

1 Den aufgetauten Spinat gut ausdrücken und fein hacken. Schalotte und Knoblauch abziehen und fein würfeln. Die Butter erhitzen und darin Schalotten- und Knoblauchwürfel glasig braten.

2 Den Ricotta mit den Eigelben cremig rühren. Spinat, Knoblauch und Schalotte untermengen. Mit Salz, Pfeffer und Muskat würzen. Das Mehl gründlich unter die Masse mischen, so dass ein kompakter, glatter Teig entsteht. Einen Topf mit reichlich Salzwasser zum Kochen aufstellen.

3 Den Backofen auf 180 °C (Umluft 160 °C, Gas Stufe 2–3) vorheizen und eine große Auflaufform mit Olivenöl ausstreichen. Mit zwei feuchten Esslöffeln aus dem Spinatteig kleine Nocken abstechen und in das siedende Salzwasser gleiten lassen. Sobald die Nocken auf der Oberfläche aufschwimmen, diese mit einem Schaumlöffel herausheben und in einem Sieb abtropfen lassen.

4 Die Spinatnocken in die Auflaufform geben und mit geriebenem Parmigiano überstreuen. Olivenöl darüber träufeln und die Nocken im Backofen (mittlere Schiene) 5 bis 8 Minuten gratinieren.

Variante
Die Spinatnocken in heiß schäumender Butter schwenken und mit reichlich frisch gehackten Kräutern bestreut servieren.

Tipps
- Vorweg können Sie einen leicht bitteren Salat aus Radicchio und Chicorée mit Pinienkernen und Joghurt-Kräuter-Dressing servieren.
- Als Nachspeise: Tiramisu (siehe Seite 106) und Kaffee.

Italienisches Käsefondue

Fonduta

1 Den Backofengrill vorheizen. Die Champignons putzen und häuten, je nach Größe ganz lassen oder halbieren.

2 Das Weißbrot in Scheiben schneiden, auf ein Backblech legen, mit Olivenöl beträufeln und im Backofen (obere Schiene) kurz rösten. Das Brot in mundgerechte Würfel schneiden und im Brotkorb in eine Serviette hüllen.

3 Den Käse grob raffeln. Einen Fonduetopf auf den Herd stellen und darin Milch und 50 Gramm Sahne erhitzen. Unter ständigem Rühren den Käse darin schmelzen. Eigelbe mit der restlichen Sahne und der Butter verquirlen. Den Fonduetopf von der Kochstelle ziehen und die Eigelbmischung in die Milch einrühren. Salzen und pfeffern.

4 Den Fonduetopf auf den Tischrechaud setzen und die Champignons sowie das Weißbrot dazustellen. Pilze und Weißbrot in den warmen Käse tauchen.

Tipps

- Ein Stück weiße, fein gehobelte Trüffel aus Alba ist das i-Tüpfelchen einer perfekten Fonduta.
- Die Eigelbe und die Butter könnte man sich in diesem Fondue sparen und dafür mehr Käse verwenden.
- Als Vorspeise zu diesem üppigen Gericht passt ein erfrischender Fenchelsalat mit Pinienkernen, und zum grande finale können Sie marinierte Erdbeeren (siehe Seite 102) reichen.

In der cucina italiana ...

... wird Fontina, der feinwürzige Schnittkäse mit mindestens 45 Prozent Fett i. Tr., ausschließlich im Aostatal und immer aus Rohmilch hergestellt – ein Grund für sein Aroma. Der andere Grund ist das Futter der Kühe, die auf Almen weiden, auf denen sie eine Vielzahl an Wildkräutern finden. Fontina wird sowohl pur verzehrt als auch, weil er schön schmilzt, für Käsesaucen, Cremes, Fondues und zum Überbacken verwendet.

Kohlenhydratreich

Spezialität aus dem Piemont

Für 2 Portionen
200 g Champignons
1 italienisches Weißbrot
3 EL Olivenöl
200 g Fontina (italienischer halbfester Schnittkäse)
100 ml Milch
100 g Sahne
2 Eigelbe
30 g weiche Butter
Salz
schwarzer Pfeffer

Zubereitungszeit
etwa 30 Minuten

Pro Portion
5188 kJ/1239 kcal
88 g Fett
68 g Kohlenhydrate
6 g Ballaststoffe
466 mg Cholesterin

Getränketipp
Dazu passt ein roter Barbaresco, Barolo oder Nebbiolo d´Alba aus dem Piemont.

Gemüsefondue

Bagna cauda

In geselliger Runde

Für 2–3 Portionen

2 Möhren
1/2 Fenchelknolle
1 Stange Staudensellerie
1 kleiner Zucchino
1 Paprikaschote
einige Stängel
frischer Salbei
1 toskanisches Olivenbrot
oder 1 Ciabatta
4 Knoblauchzehen
100 ml Olivenöl
100 g Sahne
Salz
schwarzer Pfeffer
je 50 g schwarze
und grüne Oliven

Zubereitungszeit

etwa 30 Minuten

Pro Portion

3849 kJ/920 kcal
52 g Fett
93 g Kohlenhydrate
14 g Ballaststoffe
33 mg Cholesterin

Getränketipp

Dazu passt ein roter Bardolino aus der Provinz Verona oder ein roter Colli Euganei aus der Provinz Padua.

1 Die Möhren schälen und in Scheiben schneiden. Den Fenchel vierteln, putzen und den Strunk entfernen. Die einzelnen Fenchelblätter abtrennen und in mundgerechte Stücke schneiden. Den Sellerie putzen, waschen und in kleinere Stücke schneiden.

2 Den Zucchino waschen, Stiel- und Blütenansatz entfernen und den Zucchino in Scheiben schneiden. Die Paprikaschote waschen, der Länge nach halbieren, putzen und in etwa 1 Zentimeter große Stücke schneiden. Den Salbei waschen und trockenschwenken.

3 Das Brot in mundgerechte Stücke schneiden. Die Knoblauchzehen abziehen und fein hacken. Einen Fonduetopf auf den Herd stellen und das Olivenöl stark erhitzen.

4 Den Knoblauch darin etwa 5 Minuten frittieren. Die Sahne zugießen und die Mischung 5 Minuten leicht kochen lassen. Mit Salz und Pfeffer würzen.

5 Alle vorbereiteten Zutaten und die Oliven hübsch anrichten und am Tisch bereitstellen. Den Fonduetopf auf einen Tischrechaud stellen.

6 Verschiedene Gemüse nach Geschmack auf Fonduegabeln spießen und im heißen Gemüsebad einige Minuten garen. Die Salbeistängel eintauchen und davon abbeißen. Auch das Brot ins Gemüsebad tunken.

Variante

Beim Original der Bagna cauda wird der Sud mit klein gehackten Anchovis gewürzt – ein intensiver, extravaganter Geschmack. Genießen Sie diese Variante, mit etwa 50 Gramm Anchovis, als Eiweißgericht, wobei Sie das kohlenhydratreiche Weißbrot weglassen und lediglich das Gemüse in den Sud tunken.

Tipp

Genießen Sie dazu als Vorspeise einen gemischten Salat mit Nüssen, und servieren Sie zur Nachspeise einen italienischen Käseteller.

In der cucina italiana ...

... speziell im Piemont, braucht man in der Küche: Reis, Butter, Milch, Käse, Knoblauch und Trüffel. In der klassischen Fonduta und im so beliebten Risotto findet man immer eine ganze Reihe dieser Zutaten. An Fleischgerichten bereitet man im Piemont gerne Braten und ganzes Geflügel zu. Entsprechend der Natur des Landes gibt es zudem eine Vielzahl von Gerichten mit Wild, aber auch mit frischen Nüssen und Trauben. Die Bewohner des Piemont lieben es kräftig gewürzt, vor allem mit Knoblauch, und sie essen in großen Mengen rohes Gemüse. Aber man kennt auch köstliche Süßigkeiten in dieser Region, etwa die Amaretti und eine Vielfalt an Konfekt, für das die Stadt Turin bekannt ist. Aus dem Piemont stammen Weine bester Qualität, vor allem Barbera und Barolo, der eine exklusive Zutat zu vielen klassischen Risotti der Region ist.

Überbackene Pilze im Sud

Acquacotta

Aus der Toskana

Für 2 Portionen
1 kleine Zwiebel
3 Knoblauchzehen
1 Stängel Petersilie
300 g gemischte Pilze (Champignons, Steinpilze etc.)
5 EL Olivenöl
1/8 l trockener Weißwein
1/8 l Gemüsebrühe
Salz
schwarzer Pfeffer
2 große Scheiben Weißbrot
50 g frisch geriebener Pecorino (italienischer Hartkäse aus Schafsmilch)
1 TL Butterflöckchen

Zubereitungszeit
etwa 40 Minuten

Pro Portion
2380 kJ/568 kcal
42 g Fett
22 g Kohlenhydrate
7 g Ballaststoffe
24 mg Cholesterin

Getränketipp
Dazu passt ein samtiger Rotwein Rosso di Montalcino aus Siena oder zu einem besonderen Anlass der berühmte Brunello di Montalcino.

1 Zwiebel und Knoblauch abziehen und fein würfeln. Die Petersilie waschen, trockenschwenken und mit dem Stiel fein hacken. Die Pilze verlesen, putzen und etwas kleiner schneiden.

2 In einem Topf 3 Esslöffel Olivenöl erhitzen und darin die Zwiebel- und Knoblauchwürfel anbraten. Die Pilze hinzufügen und das Gemüse dünsten, bis der Pilzsaft verdampft ist.

3 Die Pilze mit Weißwein und Gemüsebrühe aufgießen und aufkochen lassen. Bei milder Hitze 5 Minuten leicht kochen lassen. Zuletzt die Pilzbrühe mit Petersilie verfeinern, mit Salz und Pfeffer würzen.

4 Den Backofengrill vorheizen. Die Weißbrotscheiben mit dem restlichen Öl beträufeln, auf ein Backblech legen und im Ofen (obere Schiene) kurz rösten.

5 Die Pilze auf zwei ofenfeste Suppenterrinen verteilen und mit Brühe begießen. Je 1 Brotscheibe obenauf legen, mit Käse bestreuen und Butterflöckchen darauf setzen. Die Suppenterrinen in den Backofen (mittlere Schiene) stellen und die Pilze kurz überbacken, bis der Käse goldgelb ist.

Variante

Die Pilze in ihrem Sud erkalten lassen und reichlich frisch gehackte Kräuter wie Salbei, Oregano und Basilikum einrühren. Die Pilze dann als Vorspeise für vier Personen servieren und zum Dippen Olivenbrot und Walnussbrot reichen.

Tipp

Servieren Sie zu diesem Gericht als Vorspeise gemischte Gemüse mit Knoblauchmayonnaise.

Überbackene Wirsingsuppe

Zuppa di verza

1 Die Wirsingblätter putzen, waschen und in kochendem Salzwasser 5 Minuten garen. Mit kaltem Wasser abschrecken und trockenschwenken. Die Blätter je nach Größe halbieren und dabei dicke Blattrippen entfernen.

2 Den Backofen auf 180 °C (Umluft 160 °C, Gas Stufe 2–3) vorheizen. Die Weißbrotscheiben mit Butter bestreichen und mit etwas Salz und Pfeffer bestreuen. Die Brote auf ein Backblech legen und im Backofen (mittlere Schiene) leicht goldbraun rösten.

3 In jede Suppenterrine in Lagen abwechselnd Wirsing, Brot und Käse schichten, bis alles aufgebraucht ist, jedoch mit Käse abschließen.

4 Die Gemüsebrühe aufkochen, mit Salz, Pfeffer und Zimt abschmecken und über die Lagen in den Terrinen gießen. Die Terrinen in den Backofen (mittlere Schiene) schieben und die Suppe etwa 15 Minuten überbacken, bis der Käse geschmolzen und goldgelb ist.

Variante

Die Brotscheiben durch Nudeln eigener Wahl ersetzen.

Tipps

- Zum neutralen Gericht wird diese Suppe, wenn Sie das Brot weglassen. Servieren Sie die Suppe dann als Vorspeise, und genießen Sie zum Hauptgang Spaghetti mit Olivenöl und Knoblauch.
- Probieren Sie zum Überbacken die verschiedensten Käsesorten aus – lassen Sie sich einfach an der Käsetheke inspirieren. Wählen Sie etwa Greyerzer mit mehr als 50 Prozent Fett i.Tr., Comté mit mindestens 45 Prozent Fett i.Tr. oder einen Beaufort mit mehr als 50 Prozent Fett i.Tr. Um in der italienischen Küche zu bleiben, gibt es die Möglichkeit, mit Asagio grasso di monte mit über 45 Prozent Fett i.Tr. oder mit einem Büffelmozzarella mit über 50 Prozent Fett i.Tr. zu variieren.

Kohlenhydratreich

Spezialität aus dem Aostatal

Für 2 große Portionen
4 große Wirsingblätter
Salz
8 Scheiben entrindetes Weißbrot
30 g weiche Butter
schwarzer Pfeffer
8 dünne Scheiben Fontina (italienischer halbfester Schnittkäse)
300 ml Gemüsebrühe
1 Messerspitze gemahlener Zimt

Zubereitungszeit
etwa 40 Minuten

Pro Portion
3149 kJ/751 kcal
42 g Fett
61 g Kohlenhydrate
7 g Ballaststoffe
130 mg Cholesterin

Getränketipp
Dazu passt ein roter Boca aus der Provinz Novara im Piemont oder ein roter Brachetto d'Acqui aus den Provinzen Alessandria oder Asti.

Überbackene Auberginen mit Eiern

Melanzane al forno con uova

Ein vegetarischer Leckerbissen

Für 2 Portionen
300 g Auberginen
5 EL Olivenöl
Salz
schwarzer Pfeffer
2 Eier
2 Fleischtomaten
1 Zwiebel
1/2 Bund glatte Petersilie
100 g Mozzarella
2 EL Pinienkerne

Zubereitungszeit
etwa 50 Minuten

Pro Portion
2348 kJ/563 kcal
22 g Eiweiß
49 g Fett
6 g Ballaststoffe
241 mg Cholesterin

Getränketipp
Dazu passt ein frischer Frascati aus dem Latium.

1 Den Backofen auf 200 °C (Umluft 180 °C, Gas Stufe 2–3) vorheizen. Auberginen waschen, der Länge nach halbieren und mit einem scharfen Messer die Hälften gerade so weit aushöhlen, dass die leeren Früchte nicht zusammenfallen.

2 Das Auberginenfruchtfleisch für 10 Minuten in kaltes Salzwasser legen. Die Auberginenhälften mit 2 Esslöffeln Olivenöl ausstreichen, salzen, pfeffern und in eine Auflaufform setzen. In den Backofen (mittlere Schiene) schieben und etwa 10 Minuten vorbacken.

3 In der Zwischenzeit die Eier in 10 Minuten hart kochen. Mit kaltem Wasser abschrecken, pellen und klein würfeln. Fleischtomaten kreuzweise einschneiden, mit kochendem Wasser überbrühen, abziehen, entkernen, das Fruchtfleisch würfeln. Zwiebel abziehen und fein würfeln.

4 Die Petersilie waschen, trockenschwenken, die Blättchen von den Stielen zupfen und fein hacken. Das Auberginenfruchtfleisch mit Küchenpapier trockentupfen und fein hacken. Mozzarella in kleine Würfel schneiden. Das restliche Olivenöl in einer Pfanne erhitzen und darin Zwiebel, Auberginen und Tomaten kurz dünsten.

5 Den Pfanneninhalt mit Eiern, Petersilie, Mozzarella und Pinienkernen vermischen. Die Mischung salzen, pfeffern und in die Auberginenhälften füllen. In den Backofen (mittlere Schiene) schieben und etwa 15 Minuten überbacken.

Tipps

- Genießen Sie als Vorspeise eine insalata mista und zur Nachspeise eine Honigmelone oder Käse bis zu 45 Prozent Fett i. Tr. mit Weintrauben.
- Reichen Sie zusätzlich separat dazu hauchdünn geschnittenen rohen Rinderschinken, laut Dr. Hay als neutral anzusehen, oder mischen Sie ihn unter die Füllung und backen Sie ihn im Gericht mit.

Leberfarce auf Auberginen

Fegatini di pollo con melanzane

1 Die Aubergine waschen, den Stiel entfernen und die Frucht quer in dünne Scheiben schneiden. Für 15 Minuten in kaltes Salzwasser legen.

2 Die Zwiebel abziehen und fein würfeln. Sellerie waschen, putzen und sehr fein würfeln.

3 Die Hühnerlebern kalt abspülen, mit Küchenpapier trockentupfen und sehr fein hacken. Die Auberginen aus dem Salzwasser nehmen und mit Küchenpapier trockentupfen.

4 Die Auberginenscheiben in der Hälfte Olivenöl portionsweise auf beiden Seiten knusprig braten und dabei jede Seite mit etwas Salz, Pfeffer und Safran würzen. Die Scheiben auf Küchenpapier legen, das überschüssiges Fett aufsaugt.

5 In einer Pfanne das restliche Olivenöl erhitzen und darin Zwiebel- und Selleriewürfel anbraten. Butter und Hühnerlebern hinzufügen und unter gelegentlichem Rühren 5 Minuten weiterbraten. Mit Weißwein beträufeln und mit Salz und Pfeffer würzen.

6 Den Pfanneninhalt mit der Gemüsebrühe verrühren und im Mixer oder mit dem Pürierstab zu einer glatten Paste verarbeiten. Mit einem Löffel die Leberfarce in Häufchen auf den Auberginenscheiben verteilen und mit Kapern garnieren. Lauwarm oder kalt servieren.

Tipps

- Beim italienischen Originalrezept wird die Leberfarce auf gerösteten Brotscheiben – Crostini – serviert. Dies passt nicht in die Trennkost, aber, wie man sieht, ist der Brot-Unterteller leicht zu ersetzen.
- Statt der Auberginen eignen sich genauso gut gebratene Zucchinischeiben oder ausgehöhlte Champignonköpfe.
- Servieren Sie zu diesem Gericht als Vorspeise eine neutrale, mit viel Käse überbackene Minestrone.

Toskanische Impressionen

Für 2 Portionen
1 kleine Aubergine
Salz
1 kleine Zwiebel
1 Stange Staudensellerie
300 g Hühnerlebern
8 EL Olivenöl
schwarzer Pfeffer
1/2 Döschen Safran
20 g Butter
5 EL trockener Weißwein
50 ml Gemüsebrühe
2 EL eingelegte Kapern

Zubereitungszeit
etwa 40 Minuten

Pro Portion
3152 kJ/753 kcal
35 g Eiweiß
64 g Fett
5 g Ballaststoffe
763 mg Cholesterin

Getränketipp
Dazu passt ein Weißwein vom toskanischen Weingut Villa Antinori. Das Familiengut der Antinoris umfasst über 800 Hektar Weinanbaugebiet.

Gemischtes gebackenes Gemüse

Antipasto di verdure

Ein Klassiker

Für 2 Portionen

1 Zucchino
1 kleine Aubergine
3 Knoblauchzehen
1 rote Paprikaschote
Olivenöl für das Backblech
3 Stängel frische Kräuter (Basilikum, Oregano, Petersilie)
1 TL getrocknete italienische Kräutermischung
Meersalz
schwarzer Pfeffer
8 EL Olivenöl
2 Fleischtomaten

Zubereitungszeit

etwa 35 Minuten

Pro Portion

2364 kJ/564 kcal
6 g Eiweiß
54 g Fett
15 g Kohlenhydrate
9 g Ballaststoffe
1 mg Cholesterin

Getränketipp

Zu neutralen Mahlzeiten passen weiße und rote Weine. Zu diesem Gericht entweder einen trockenen Frascati aus der Provinz Rom oder einen roten Cerveteri aus der gleichnamigen Provinz servieren.

1 Den Zucchino und die Aubergine waschen, Stiel- und Blütenansätze entfernen und das Gemüse in dünne Scheiben schneiden. Knoblauch abziehen und fein würfeln. Die Paprikaschote waschen, vierteln, putzen und in etwa 1 Zentimeter große Stücke schneiden.

2 Den Backofen auf 200 °C (Umluft 180 °C, Gas Stufe 3–4) vorheizen und ein tiefes Backblech mit reichlich Olivenöl auspinseln. Die Kräuter waschen, trockenschwenken, die Blättchen von den Stielen zupfen und fein hacken.

3 Das Gemüse auf dem Backblech verteilen und mit italienischen Kräutern, Salz, Pfeffer und 4 Esslöffeln Olivenöl vermischen. Das Blech in den Backofen (mittlere Schiene) schieben und das Gemüse unter zweimaligem Wenden 10 Minuten backen.

4 In der Zwischenzeit die Fleischtomaten kreuzweise einschneiden, mit kochendem Wasser überbrühen, abziehen und entkernen. Das Fruchtfleisch klein schneiden, mit dem restlichen Olivenöl, Knoblauch und frischen Kräutern verrühren.

5 Die Tomatenmischung mit dem Ofengemüse locker vermischen und das Ganze weitere 5 bis 8 Minuten backen. Auf zwei großen Tellern hübsch anrichten und warm oder lauwarm servieren.

Variante

Das Gemüse lässt sich auf einem Grillrost im Backofen völlig fettfrei und kalorienarm grillen. Dazu den kalten Tomatensugo servieren.

Tipps

- Dieses phantastische Ofengemüse können Sie auch mit knusprig gebackenen Crostini aus dem Backofen als Kohlenhydratmahlzeit genießen.
- Als Nachspeise einen Espresso und Amaretti servieren.

Römischer Paprikatopf

Peperonata

1 Die Fleischtomaten waschen, kreuzweise einschneiden, mit kochendem Wasser überbrühen, abziehen und entkernen. Das Fruchtfleisch in kleine Stücke schneiden. Die Zwiebel abziehen und in Streifen schneiden. Die Knoblauchzehe abziehen und fein würfeln. Die Petersilie waschen, trockenschwenken, die Blättchen von den Stielen zupfen und fein hacken.

2 Die Paprikaschoten waschen, der Länge nach halbieren, putzen und in Streifen schneiden. In einem Topf das Olivenöl heiß werden lassen und darin die Zwiebelstreifen und die Knoblauchwürfel anbraten. Die Paprikastreifen hinzufügen und das Ganze gut 5 Minuten schmoren.

3 Die Tomatenstücke einrühren und mit Salz und Pfeffer würzen. Weitere 5 Minuten schmoren und mit der gehackten Petersilie vermischen. Sofort servieren.

Tipps

- Servieren Sie das Paprikagemüse mit Fischfilets oder kurz gebratenen Fleischstücken als Eiweißmahlzeit oder mit Polenta oder Weißbrot als Kohlenhydratmahlzeit.
- Sie können das Paprikagemüse auch kalt zu einer Käseplatte mit Käsesorten unter 45 Prozent Fett i. Tr. als Eiweißmahlzeit servieren.

In der cucina italiana …

… haben Paprikaschoten einen festen Platz. Alle Arten dieser Gattung sind empfindlich, die meisten vertragen keinen Frost, so dass es nicht verwundert, wenn Paprikaschoten vor allem in der mediterranen Küche zu finden sind. In gemäßigten Breiten gedeihen sie nur unter Folie oder im Gewächshaus. Paprikaschoten gibt es in den verschiedensten Farben, Formen und Schärfegraden. Von der größten und mildesten Sorte, der glockenförmigen milden Gemüsepaprikaschote, gibt es dunkelviolette, grüne, gelbe, orange und rote Exemplare.

Neutral

Strotzt vor Vitaminen

Für 2 Vorspeisen- oder Beilagenportionen

2 Fleischtomaten
1 große Zwiebel
1 Knoblauchzehe
1/2 Bund glatte Petersilie
je 1 grüne und rote Paprikaschote
4 EL Olivenöl
Salz
schwarzer Pfeffer

Zubereitungszeit

etwa 30 Minuten

Pro Portion

1222 kJ/292 kcal
4 g Eiweiß
25 g Fett
13 g Kohlenhydrate
8 g Ballaststoffe
0 mg Cholesterin

Getränketipp

Dazu passt, wenn das Gericht zu einer Eiweißmahlzeit serviert wird, ein weißer Verdicchio di Castelli di Jesi oder – zur Kohlenhydratmahlzeit – ein Rosso Piceno.

Kartoffeln, Grieß und Reis

Patate, polenta e riso

Wer an italienische Kartoffelgerichte denkt, der stößt früher oder später unweigerlich auf die Miniausgabe der Kartoffelklöße – Gnocchi – in ihrer Vollendung: weich, aber dennoch mit Biss und ideal, um köstliche Saucen an sich zu binden. Ähnlich ist es mit der Polenta, ein auf den ersten Blick eher unscheinbares Gericht, das sich bei den Kennern der echten italienischen Küche sehr großer Beliebtheit erfreut. Und wer einmal einen Originalrisotto mit dem richtigen Reis und der klassischen Zubereitungsmethode gekostet hat, ahnt, was in diesem Kapitel auf ihn zukommt …

Gnocchi mit Pilzen

Gnocchi con funghi

Eine herrliche Kombination

Für 2–3 Portionen (ca. 18 Nocken)

1/2 Bund glatte Petersilie
1 kleine Zwiebel
2 Knoblauchzehen
250 g Champignons
400 g gekochte Pellkartoffeln vom Vortag
300 g Quark (Magerstufe oder 20 % Fett i. Tr.)
2 Eigelbe
50 g Grieß
1 EL Kartoffelstärke
50 g frisch geriebener Parmigiano Reggiano (Parmesan)
Kräutersalz
schwarzer Pfeffer
1 Messerspitze frisch geriebene Muskatnuss
30 g Butter
4 EL Weißwein
200 g Sahne

Zubereitungszeit
etwa 40 Minuten

Pro Portion
3195 kJ/763 kcal
47 g Fett
47 g Kohlenhydrate
7 g Ballaststoffe
333 mg Cholesterin

Getränketipp
Dazu passt ein roter Vernaccia di Serrapetrona aus der Provinz Macerata oder ein süßer roter Schaumwein.

1 Die Petersilie waschen, trockenschwenken, die Blättchen von den Stielen zupfen und fein hacken. Zwiebel und Knoblauchzehen abziehen und fein würfeln. Die Champignons putzen und feinblättrig schneiden.

2 Die Kartoffeln pellen und durch eine Presse drücken. Den Quark in einem Tuch auspressen. Quark mit Kartoffeln, Eigelben, Grieß, Kartoffelstärke und Käse zu einem mittelfesten Teig kneten. Mit Kräutersalz, Pfeffer und Muskat würzen.

3 Einen Topf mit reichlich Salzwasser zum Kochen aufstellen. Aus dem Kartoffelteig mit zwei feuchten Esslöffeln Nocken abstechen und in das siedende Wasser gleiten lassen. Die Garzeit beträgt 10 bis 15 Minuten.

4 In der Zwischenzeit in einer Pfanne die Butter erhitzen. Zwiebel und Knoblauch darin glasig braten. Die Pilze hinzufügen und dünsten, bis der Pilzsaft verdampft ist. Mit Weißwein beträufeln und mit Sahne aufgießen. Nach dem ersten Aufkochen die Hitze reduzieren. Petersilie einrühren und mit Salz und Pfeffer würzen.

5 Die Gnocchi mit einem Schaumlöffel aus dem Wasser heben und in einem Sieb kurz abtropfen lassen. Pilzsahne und Kartoffelnocken vorsichtig vermischen und sofort servieren.

Varianten

Die Gnocchi in heiß schäumender Kräuterbutter schwenken – oder mit viel Käse goldgelb überbacken – und mit Kopfsalat genießen.

Gnocchi mit Bärlauchpesto

Gnocchi con pesto

1 Die Pinienkerne in einer heißen, ungefetteten Pfanne unter Wenden kurz rösten; auf einen Teller geben. Den Bärlauch waschen, trockenschwenken und in feine Streifen schneiden.

2 Pinienkerne, Bärlauch, Olivenöl und 50 Gramm Käse im Mixer pürieren, das Pesto in eine Sauciere füllen. Die Kartoffeln pellen und zu Brei zerstampfen.

3 Den Kartoffelbrei mit Kartoffelstärke, Eigelben, restlichem Käse und Salz zu einem geschmeidigen Teig kneten. Nur leicht salzen. Einen Topf mit reichlich Salzwasser zum Kochen aufstellen.

4 Mit zwei feuchten Esslöffeln aus dem Teig Nocken abstechen und in das kochende Salzwasser gleiten lassen. Bei mittlerer bis schwacher Hitze etwa 15 Minuten ziehen lassen. Die Gnocchi mit einem Schaumlöffel herausnehmen und auf tiefe Teller verteilen. Das Pesto gründlich durchrühren und teelöffelweise über die Gnocchi geben. Mit Parmigiano Reggiano zu Tisch bringen.

Variante

Nach Belieben können Sie für das Pesto auch frisches Basilikum verwenden.

Tipps

- Reichen Sie dazu einen Tomatensalat mit Zwiebeln und Basilikum.
- Die Kartoffelgnocchi schmecken auch vorzüglich mit heißer Schnittlauch- oder Bärlauchbutter.

In der cucina italiana …

… wird Pesto – die klassische Würzpaste aus Ligurien – im Original aus frischem Basilikum, Knoblauch, Pinienkernen, Parmigiano Reggiano, Olivenöl, Salz und Pfeffer zubereitet. In dieser Variante wird das süßaromatische Basilikum durch Bärlauch, der als Zwiebelgewächs ein scharfes, knoblauchähnliches Aroma hat, ersetzt, so dass kein zusätzlicher Knoblauch benötigt wird.

Kohlenhydratreich

Aus dem Friaul

Für 2–3 Portionen (ca. 32 Nocken)

2 EL Pinienkerne
1/2 kleines Bund Bärlauch
100 ml Olivenöl
100 g frisch geriebener Parmigiano Reggiano (Parmesan)
500 g gekochte Pellkartoffeln vom Vortag
100 g Kartoffelstärke
2 Eigelbe
Salz
frisch geriebener Parmigiano Reggiano zum Servieren

Zubereitungszeit
etwa 40 Minuten

Pro Portion
3718 kJ/890 kcal
61 g Fett
61 g Kohlenhydrate
5 g Ballaststoffe
235 mg Cholesterin

Getränketipp
Dazu passt ein roter Friuli Grave aus der Provinz Pordenone.

Überbackener Kartoffelkuchen

Torta di patate

Spezialität aus Südtirol

Für 2 Portionen

400 g gekochte Pellkartoffeln vom Vortag
2 Eigelbe
Salz
schwarzer Pfeffer
1 Prise gemahlene Muskatnuss
40 g weiche Butter
50 g frisch geriebener Fontina (italienischer halbfester Schnittkäse)
einige Blättchen frisches Basilikum

Zubereitungszeit

etwa 30 Minuten

Pro Portion

1857 kJ/443 kcal
31 g Fett
27 g Kohlenhydrate
4 g Ballaststoffe
331 mg Cholesterin

Getränketipp

Dazu passt ein roter Santa Maddalena aus Südtirol.

1 Den Backofen auf 200 °C (Umluft 180 °C, Stufe 3–4) vorheizen. Die Kartoffeln pellen und fein reiben. Eigelbe unterkneten und den Teig mit Salz, Pfeffer und Muskatnuss würzen.

2 Die Hälfte der Butter in einer großen ofenfesten Pfanne erhitzen. Den Kartoffelteig in die Pfanne geben und mit einem Pfannenwender zu einem Kuchen formen; die Oberfläche glatt streichen.

3 Sobald der Teig unten zu bräunen beginnt – zum Überprüfen den Kuchen mit einem Pfannenwender leicht anheben –, an den Pfannenrändern etwas Butter hinzufügen, schmelzen lassen und durch leichtes Schwenken der Pfanne verteilen. Dabei mit dem Pfannenwender den Kuchen immer wieder vom Pfannenboden lösen.

4 Die Kartoffeloberfläche mit Käse bestreuen und mit der restlichen Butter in Flöckchen belegen. Die Pfanne in den Backofen (mittlere Schiene) schieben und den Kartoffelkuchen in etwa 8 Minuten goldgelb überbacken. Das Basilikum waschen und trockentupfen. Den Kartoffelkuchen mit den Blättchen garnieren und in der Pfanne servieren.

Tipps

- Belegen Sie den Kartoffelkuchen zum Überbacken mit Zutaten Ihrer Wahl: etwa mit Oliven, mehr Käse oder auch mit anderen Käsesorten und feinen Streifen von Gemüse der Saison.
- Verwenden Sie alternativ gekochte Salzkartoffeln vom Vortag, die Sie durch eine Presse drücken. Den Kartoffelkuchen stellen Sie dann wie oben beschrieben her.

Gorgonzolakartoffeln aus dem Ofen

Patate farcite con gorgonzola

1 Den Backofen auf 200 °C (Umluft 180 °C, Gas Stufe 3–4) vorheizen. Die Kartoffeln gründlich waschen, leicht salzen und in Folie wickeln. In den Backofen (mittlere Schiene) legen und je nach Größe in 30 bis 40 Minuten garen.

2 In der Zwischenzeit den Gorgonzola mit einer Gabel zerdrücken und mit der Butter cremig rühren. Die Kartoffeln aus der Folie wickeln und der Länge nach halbieren. So viel Kartoffelfleisch mit einem Löffel herauslösen, dass die Kartoffelhälften noch stehen können. Das Kartoffelfleisch durch eine Presse drücken oder mit einer Gabel zerdrücken. Zusammen mit der Gorgonzolabutter cremig verrühren. Eine Auflaufform mit Butter ausstreichen.

3 Die Mischung in die Kartoffelhälften füllen und diese in die Form setzen. In den Backofen (mittlere Schiene) schieben und die Kartoffeln etwa 10 Minuten überbacken.

Tipps

- Servieren Sie dazu einen Rucolasalat.
- Wenn es einmal schnell gehen soll: Die Kartoffeln im Ofen garen, halbieren, nicht aushöhlen, sondern lediglich mit Käse bestreut überbacken.

In der cucina italiana …

… hat Gorgonzola, der Edelpilzkäse, der aus Kuhmilch hergestellt wird, vor allem in der Lombardei eine jahrhundertealte Tradition. Die Käsemasse muss, in große zylindrische Formen gepresst, mehrere Monate reifen. Währenddessen wird der Käse immer wieder mit Salz bestreut und zu einem bestimmten Zeitpunkt mit Hilfe von Nadeln mit Schimmelpilzkulturen geimpft, was dem Käse schließlich seinen charakteristischen scharf-würzigen Geschmack und sein von bläulich grünen Adern durchzogenes Aussehen verleiht. Zusammen mit leicht schmelzendem Käse wird Gorgonzola gerne für cremige Pastasaucen verwendet, pur schmeckt er zu frischem Brot und zu rohem Gemüse.

Kohlenhydratreich

Einfach aber gut

Für 2 Portionen
4 mittelgroße Kartoffeln
Salz
100 g Gorgonzola
30 g weiche Butter
Butter für die Form

Zubereitungszeit
etwa 1 Stunde

Pro Portion
1908 kJ/460 kcal
32 g Fett
27 g Kohlenhydrate
4 g Ballaststoffe
85 mg Cholesterin

Getränketipp
Dazu passt ein roter San Leonardo aus Südtirol.

Kartoffelpizza mit Gemüse und Käse

Pizza di patate con verdure e formaggio

Gesunder Genuss

Für 2 Portionen (1/2 Backblech)
600 g Kartoffeln
Salz
1 Aubergine (etwa 200 g)
1 Zucchino (etwa 300 g)
9 EL Olivenöl
1 Eigelb
80 g Mehl
50 g frisch geriebener Pecorino (italienischer Hartkäse aus Schafsmilch)
schwarzer Pfeffer
50 g Perlzwiebeln
je 25 g schwarze und grüne Oliven
200 g Mozzarella

Zubereitungszeit
etwa 1 Stunde 10 Minuten

Pro Portion
4872 kJ/1169 kcal
76 g Fett
77 g Kohlenhydrate
11 g Ballaststoffe
190 mg Cholesterin

Getränketipp
Dazu passt ein roter Vino da Tavola aus Montalcino in der Toskana.

1 Die Kartoffeln gründlich waschen und in Salzwasser gar kochen. Inzwischen die Aubergine waschen, den Stielansatz entfernen, die Frucht in Scheiben schneiden und diese für 15 Minuten in Salzwasser legen.

2 Den Zucchino waschen, Stiel- und Blütenansatz entfernen und den Zucchino in dünne Scheiben schneiden. Die Auberginenscheiben aus dem Wasser nehmen und mit Küchenpapier trockentupfen.

3 Die Kartoffeln abgießen, kurz abkühlen lassen und pellen. Durch eine Presse drücken und mit 1 Esslöffel Olivenöl, dem Eigelb, dem Mehl und dem Käse zu einem geschmeidigen Teig kneten. Mit Salz und Pfeffer abschmecken.

4 Den Backofen auf 190 °C (Umluft 170 °C, Gas Stufe 3) vorheizen und ein Backblech mit Olivenöl bepinseln. Den Kartoffelteig auf die Hälfte des Backblechs geben, mit einem Teigschaber glatt streichen und Ränder hochziehen. Mit 1 Esslöffel Olivenöl bestreichen und für 10 Minuten zum Vorbacken in den Backofen (mittlere Schiene) schieben.

5 In der Zwischenzeit 3 Esslöffel Olivenöl in einer Pfanne erhitzen und darin Zucchini- sowie Auberginenscheiben kurz anbraten. Mit Salz und Pfeffer würzen und zusammen mit den Perlzwiebeln sowie den Oliven auf der vorgebackenen Pizza verteilen.

6 Den Mozzarella in dünne Scheiben schneiden und die Pizza damit gleichmäßig belegen; das restliche Olivenöl darüber träufeln. Die Pizza in den Ofen (mittlere Schiene) schieben und in etwa 20 Minuten knusprig backen.

Tipp

Auberginen sollten immer in Salzwasser oder mit Salz bestreut vorbehandelt werden, da sie sonst beim Braten das Öl wie Schwämme aufsaugen.

In der cucina italiana …

… gehört die Kartoffel in vielen Regionen zu den traditionellen bäuerlichen Grundnahrungsmitteln. Vor allem dort, wo Pasta und Reis nicht zum ursprünglichen Küchenrepertoire gehören, etwa in Südtirol und im Trentino. Oder im Friaul: Hier gibt es schon immer, neben Gerste, Mais, Rüben und Schweinefleisch, viel Kartoffeln. Kartoffelpüree etwa ist hier eine durchaus übliche Beilage. Aber auch in einigen südlichen Regionen, etwa in Kampanien und Neapel, kennt man die Knolle: Hier bekommt man an den Garküchen an der Straße beispielsweise Kartoffelkroketten. Und auch in der Provinz Basilikata etwa gibt es eine Reihe – oft im Ofen gegarter – vegetarischer Gemüsegerichte mit Kartoffeln.

Polenta mit Fontina

Polenta e fontina in torta

Ein Klassiker

Für 2 Portionen

Kräutersalz
150 g Maisgrieß
schwarzer Pfeffer
1/2 Bund glatte Petersilie
30 g weiche Butter
100 g frisch geriebener Fontina (italienischer halbfester Schnittkäse)

Zubereitungszeit

etwa 40 Minuten

Pro Portion

2360 kJ/564 kcal
29 g Fett
56 g Kohlenhydrate
4 g Ballaststoffe
95 mg Cholesterin

Getränketipp

Dazu passt ein roter Teroldego Rotaliano aus der Provinz Trient.

1 In einem Topf 1 Liter Wasser mit Kräutersalz aufkochen. Den Maisgrieß einrühren und unter ständigem Rühren aufkochen. Die Masse mit Pfeffer würzen und bei mittlerer Hitze und gelegentlichem Rühren in etwa 30 Minuten zu einem dicklichen Brei kochen.

2 In der Zwischenzeit die Petersilie waschen, trockenschwenken, die Blättchen von den Stielen zupfen und fein hacken. Den Maisbrei nochmals abschmecken. Butter, Petersilie und Käse unterrühren und die Polenta in eine vorgewärmte Servierschüssel füllen.

Variante

Schichten Sie die Polenta mit dem Käse Ihrer Wahl in eine Auflaufform, und überbacken Sie sie kurz im Ofen.

Tipp

Reichen Sie dazu gemischtes Gemüse vom Grill, etwa Zucchini, Auberginen und große Champignons und Pesto.

In der cucina italiana …

… versteht man unter Polenta ein zu Brei gekochtes Gericht aus Getreide oder Hülsenfrüchten. Man findet die Polenta in verschiedenen Regionen Italiens in zahlreichen Variationen. Etwa in Südtirol, wo die Polenta gerne mit Weizen- oder Buchweizenmehl, manchmal auch mit Kartoffeln vermischt zubereitet wird. In der venezianischen Küche wurde die Polenta ursprünglich aus Bohnen, Kichererbsen, Hirse oder Buchweizen gekocht. Als die Seefahrer jedoch das Maismehl im 16. Jahrhundert aus Sizilien mitbrachten, wurde die Polenta dort zum Maisgericht. Auch im Friaul und im Aostatal sind Maismehl und -grieß bekannt, ebenso in den Marken – hier wird die traditionelle »Polenta alla spianatora«, die »Polenta vom Nudelbrett«, serviert.

Überbackene Grießplätzchen

Frittelle di semolino al forno

1 Den Backofen auf 200 °C (Umluft 180 °C, Gas Stufe 3–4) vorheizen und eine flache, nicht zu kleine ofenfeste Form mit Butter ausstreichen. Die Zwiebel abziehen und fein würfeln.

2 In einem breiten Topf die Hälfte der Butter erhitzen und darin die Zwiebelwürfel glasig braten. Mit Gemüsebrühe aufgießen und aufkochen lassen.

3 Unter ständigem Rühren den Grieß einstreuen und zu einem dicklichen Brei einkochen lassen. Mit Safran, Kräutersalz und Pfeffer würzen. Den Brei auf einer Arbeitsfläche etwa 1 Zentimeter hoch ausstreichen; kurz erkalten lassen.

4 Aus dem Grießteig beliebige Plätzchenformen ausstechen, dabei die Ausstechförmchen zwischendurch immer wieder mit kaltem Wasser abspülen. Die Plätzchen in die Auflaufform geben. Die Sahne erhitzen und den Gorgonzola darin unter Rühren auflösen.

5 Die Käsesahne löffelweise über die Grießplätzchen geben. Die restliche Butter in Flöckchen darauf setzen. Die Form in den Backofen (mittlere Schiene) schieben und die Grießplätzchen in etwa 15 Minuten goldgelb überbacken.

Tipp

Servieren Sie zu den Grießplätzchen einen gemischten Salat mit einer leichten Kräuter-Joghurt-Marinade.

In der cucina italiana …

… speziell in Rom und dem angrenzenden Latium sind zahlreiche Gerichte kräftig und gehaltvoll. Der Safran für das oben beschriebene Rezept stammt wohl ursprünglich aus der Provinz L'Aquila. Traditionell römisch ist dagegen etwa die Jägerinnensauce aus Weißwein, Sardellen, Knoblauch, Rosmarin und Peperoni. Hier wird die Vorliebe für Deftiges deutlich, die sich auch in der Verwendung von Schafskäse sowie Schmalz und Speck zeigt.

Kohlenhydratreich

Römische Spezialität

Für 2 Portionen
Butter für die Form
1 kleine Zwiebel
30 g weiche Butter
1/2 l heiße Gemüsebrühe
150 g Hartweizengrieß
1/2 Döschen Safran
Kräutersalz
schwarzer Pfeffer
100 g Sahne
50 g Gorgonzola

Zubereitungszeit
etwa 50 Minuten

Pro Portion
2881 kJ/690 kcal
45 g Fett
55 g Kohlenhydrate
7 g Ballaststoffe
122 mg Cholesterin

Getränketipp
Dazu passt ein Lambrusco di Sorbara aus der Provinz Modena.

Safranreis

Risotto alla milanese

Aus der Lombardei

Für 2 Portionen
1 kleine Zwiebel
30 g weiche Butter
200 g Rundkornreis
1/2 Döschen gemahlener Safran
Salz
schwarzer Pfeffer
50 ml trockener Weißwein
1/2 l heiße Gemüsebrühe
50 g frisch geriebener Parmigiano Reggiano (Parmesan)

Zubereitungszeit
etwa 40 Minuten

Pro Portion
2612 kJ/623 kcal
24 g Fett
80 g Kohlenhydrate
3 g Ballaststoffe
54 mg Cholesterin

Getränketipp
Dazu passt ein Schaumwein Ferrari aus der Provinz Trient.

1 Die Zwiebel abziehen und fein würfeln. In einem breiten Topf die Hälfte der Butter erhitzen und darin die Zwiebelwürfel glasig braten.

2 Den Reis in den Topf streuen und unter Rühren glasig werden lassen, dabei mit Safran, Salz und Pfeffer würzen. Mit Weißwein ablöschen und rühren, bis der Reis die Flüssigkeit aufgenommen hat.

3 Unter ständigem Rühren und bei mittlerer Hitze die heiße Gemüsebrühe schöpfkellenweise zugeben, mit der Zugabe weiterer Brühe jedoch immer warten, bis der Reis die Flüssigkeit vollständig aufgenommen hat.

4 Den Reis auf diese Weise in etwa 15 Minuten gar kochen. Der Risotto sollte cremig, der Reis aber noch bissfest sein. Den Topf beiseite ziehen und den Reis etwa 5 Minuten ausdampfen lassen. Restliche Butter und Käse locker untermischen. Sofort servieren.

Tipps

- Sie können zu diesem Risotto ein Spargelgemüse und als Vorspeise einen gemischten Salat servieren.
- Wenn Sie den Risotto ohne Safran herstellen und ihn mit Erbsen vermengen, erhalten Sie das klassische Risi e bisi.

In der cucina italiana …

… ist Reis ein lombardisches Leibgericht. Der hier vorgestellte Risotto wird in der Lombardei in seiner Originalversion, dem Risotto alla milanese, mit Rindermark zubereitet, das mit der klein geschnittenen Zwiebel in den Topf kommt. Der Fond zum Aufgießen wird traditionell aus Kalbfleisch, Rindfleisch oder Huhn und verschiedenen Gemüsen, niemals jedoch aus Tomaten, gekocht. Die Lombarden ziehen den Reis, der in dem Gebiet eine jahrhundertealte Tradition hat, der Pasta grundsätzlich vor, so dass er nicht nur Basis von Risottogerichten, sondern auch von Suppen (z. B. Minestrone) und von Polenta ist.

Reis mit Tomaten

Risotto con pomodori

1 Den Backofen auf 100 °C (80 °C Umluft, Gas Stufe 1) vorheizen und ein Backblech mit Olivenöl bepinseln. Die Tomaten waschen, Stielansätze entfernen und die Früchte in etwa 1 Zentimeter dicke Scheiben schneiden.

2 Die Tomatenscheiben einzeln auf das Backblech legen, salzen, pfeffern und mit Olivenöl beträufeln. 1 Stunde im Backofen (mittlere Schiene) garen.

3 In der Zwischenzeit die Zwiebel abziehen und fein würfeln. In einem breiten Topf die Hälfte der Butter erhitzen und darin die Zwiebelwürfel glasig braten. Reis einstreuen und unter Rühren glasig werden lassen. Leicht salzen und pfeffern.

4 Den Reis mit Wein und der Hälfte Brühe aufgießen und unter gelegentlichem Rühren 10 Minuten leicht kochen lassen. Die restliche Brühe angießen und den Risotto weitere 15 Minuten kochen; dabei immer wieder umrühren.

5 Das Basilikum waschen und trockentupfen. Auf zwei großen Tellern die Tomatenscheiben rundherum anrichten und mit Basilikum garnieren.

6 Den Reis von der Kochstelle ziehen und mehrmals durchrühren. Restliche Butter sowie Käse untermengen und den Risotto als Berg in der Mitte der Teller aufhäufen.

Tipps

- Genießen Sie zum Risotto eingelegte Artischocken, grüne und schwarze Oliven sowie einen Rucolasalat. Stellen Sie Parmesan in der Reibe mit auf den Tisch.
- Sollten Sie das erste Mal Risotto zubereiten: Ein Risotto ist niemals körnig, sondern immer von cremiger und samtiger Konsistenz, da die Flüssigkeit nicht völlig verdampft. Beim Reiskauf auf Qualität achten, besser in einem italienischen Feinkostgeschäft Avorio-, Vialone- oder Carnarolireis, meines Erachtens die besten Sorten, besorgen.

Kohlenhydratreich

Schmeckt nach Sommer

Für 2 Portionen
Olivenöl für das Backblech
4 Fleischtomaten
Meersalz
schwarzer Pfeffer
2 EL Olivenöl
1 kleine Zwiebel
3 EL weiche Butter
150 g Rundkornreis
6 EL trockener Weißwein
3/4 l Gemüsebrühe
einige Blättchen
frisches Basilikum
50 g frisch geriebener
Parmigiano Reggiano
(Parmesan)

Zubereitungszeit
etwa 1 Stunde 20 Minuten

Pro Portion
3361 kJ/800 kcal
48 g Fett
69 g Kohlenhydrate
6 g Ballaststoffe
68 mg Cholesterin

Getränketipp
Dazu passt vor dem Essen ein Schaumwein Pantaleoni Brut aus der Emilia Romagna. Zum Risotto selbst harmoniert ein roter Tafelwein La Stoppa vom gleichnamigen Weingut.

Kohlenhydratreich

Graupeneintopf mit Prosecco

Risotto al prosecco

Eine Köstlichkeit

Für 2 Portionen

1/2 Bund gemischte frische Kräuter (Oregano, Basilikum, Petersilie, Kerbel)
1/2 Stange Porree
1 Möhre
50 g Knollensellerie
1 kleine Zwiebel
1 Knoblauchzehe
50 g Butter
250 g Graupen
1/2 l Gemüsebrühe
150 ml Prosecco
50 g frisch geriebener Grana Padano

Zubereitungszeit

etwa 1 Stunde

Pro Portion

2517 kJ/839 kcal
34 g Fett
97 g Kohlenhydrate
10 g Ballaststoffe
79 mg Cholesterin

Getränketipp

Dazu passt ein Rotwein Dolcetto di Diano d´Alba aus der Provinz Cuneo im Piemont.

1 Die Kräuter waschen und trockenschwenken, die Blättchen von den Stielen zupfen und fein hacken.

2 Den Porree putzen, längs halbieren, sorgfältig unter fließendem kaltem Wasser zwischen den Blattschichten waschen, abtropfen lassen und fein würfeln. Die Möhre sowie den Sellerie schälen und klein würfeln. Zwiebel und Knoblauch abziehen und fein würfeln.

3 Den Backofen auf 180 °C (Umluft 160 °C, Gas Stufe 2–3) vorheizen. In einem breiten ofenfesten Topf die Hälfte der Butter erhitzen. Zwiebel, Knoblauch und Gemüsewürfel darin anbraten, die Graupen hinzufügen. Nach 2 Minuten die Gemüsebrühe und den Prosecco angießen.

4 Alles nochmals aufkochen und mit Salz und Pfeffer würzen. Den Topf mit einem Deckel verschließen und in den Backofen (mittlere Schiene) stellen.

5 Den Eintopf im Ofen etwa 40 Minuten garen. Zuletzt mit der restlichen Butter in Flöckchen, Kräutern und Käse locker vermischen. Sofort servieren.

Variante

Wenn Kinder mitessen, sollten Sie, auch wenn der Alkohol im Topf verdampft, den Prosecco durch eine Gemüsebrühe ersetzen.

Tipps

- Servieren Sie als Vorspeise einen Feldsalat mit gehobeltem Grana Padano – dem körnigen Hartkäse aus der Lombardei.
- Als Dessert passt eine Mascarponecreme mit Kaffeebohnen sehr gut.

Gemüse-Vollkornreis

Risotto con verdure

1 Das Suppengemüse putzen, waschen und in kleine Würfel schneiden. Die Knoblauchzehen abziehen und fein würfeln.

2 In einem breiten Topf die Hälfte der Butter erhitzen. Den Knoblauch und das Suppengemüse darin anbraten. Den Vollkornreis einrühren und mit Salz und Pfeffer würzen.

3 Den Topfinhalt mit der Gemüsebrühe aufgießen und auf kleiner Stufe und unter gelegentlichem Rühren etwa 35 Minuten garen.

4 Den Risotto von der Kochstelle nehmen, mit aufgelegtem Deckel einige Minuten ziehen lassen. Die restliche Butter und den geriebenen Käse locker untermischen.

5 Den Risotto auf zwei tiefen Tellern zu einem Berg anrichten und sofort servieren.

Tipps

- Servieren Sie dazu eine bunt gemischte Gemüsepfanne.
- Den würzigen Ragusano können Sie durch Käse Ihrer Wahl austauschen.

In der cucina italiana …

… sind Filatakäse typisch. Der sizilianische Ragusano ist ein so genannter Filatakäse, er wird nach einem speziellen Verfahren hergestellt: Nach dem ersten Pressen der Käsebruchkörner wird die Käsemasse nochmals gesäuert, wieder zerteilt, mit kochendem Wasser überbrüht und so lange geknetet, bis eine elastische, formbare Masse entstanden ist. Filatakäse kann bereits in diesem Stadium – ungereift, als Frischkäse – verzehrt werden. Der berühmteste Vertreter dieser Art von Käse ist der Mozzarella. Man sieht an ihm beim Zerteilen recht deutlich die Strangstruktur der Käsemasse (»filata« bedeutet gezogen). Es gibt auch gereifte Filatakäse, etwa den schnittfesten Provolone, der geformt, gepresst, gesalzen und einige Monate zum Reifen aufgehängt wird.

Vollwertiger Genuss

Für 2 Portionen
1 Bund Suppengemüse
2 Knoblauchzehen
30 g weiche Butter
200 g Vollkornreis
Salz
schwarzer Pfeffer
3/4 l Gemüsebrühe
50 g frisch geriebener Ragusano (sizilianischer Filatakäse)

Zubereitungszeit
etwa 40 Minuten

Pro Portion
1821 kJ/672 kcal
30 g Fett
84 g Kohlenhydrate
10 g Ballaststoffe
66 mg Cholesterin

Getränketipp
Dazu passt ein roter Bolgheri aus der Provinz Livorno.

Pizza und Pasta

Pizza e pasta

Mit Pizza und Pasta hat die italienische Küche nicht nur die Urlauber im eigenen Land überzeugt, sondern auch ihren Siegeszug bei uns angetreten. Die Kunst, eine Pizza so zu backen, dass die Ränder nicht zu dick, aber knusprig sind und das Innere noch angenehm weich ist, wird in Italien mit Recht als kleines Geheimnis der Pizzabäcker angesehen – vergleichbar mit den unzähligen Rezepten für hausgemachte Pasta und den dazugehörigen Saucen. Die italienischen Nudelgerichte haben sich im Handumdrehen so viele Freunde gemacht, dass sie bei uns vom einfachen Zwischengericht schlicht zum Hauptgericht erhoben wurden.

Kohlenhydratreich

Pizza mit sechs Käsesorten

Pizza ai sei formaggi

Für Käseliebhaber

Für 2 Portionen (3/4 Backblech)

Teig
150 g Weizenmehl
100 g feiner Maisgrieß (Polenta)
1/2 Päckchen Trockenhefe
1 TL Honig
Mehl zum Bestäuben und für die Arbeitsfläche
1/2 TL Meersalz
1 TL Olivenöl
Olivenöl für das Backblech

Belag
3 EL Olivenöl
1 TL getrocknete italienische Kräutermischung
200 g gemischter Käse (Fontina, Gorgonzola, Grana Padano, Bel Paese)
100 g Ricotta (italienischer Frischkäse)
50 g Mascarpone

Zubereitungszeit
etwa 1 Stunde 50 Minuten
Ruhezeit 1 Stunde

Pro Portion
5348 kJ/1280 kcal
75 g Fett
103 g Kohlenhydrate
6 g Ballaststoffe
152 mg Cholesterin

Getränketipp
Dazu passt ein Nero d´Avola Duca Enrico aus Sizilien und zum Nachtisch ein Gläschen Marsala vergine.

1 Mehl und Maisgrieß in eine Schüssel sieben und in der Mitte eine Mulde formen. Trockenhefe, Honig und 150 Milliliter lauwarmes Wasser in der Mulde verrühren. Mit Mehl überstäuben und den Vorteig 30 Minuten bei Zimmertemperatur gehen lassen.

2 In der Zwischenzeit für den Belag das Olivenöl mit der Kräutermischung verrühren. Feste Käsestücke mit einem Sparschäler in Streifen schneiden, den Gorgonzola in kleine Stücke schneiden.

3 Den Vorteig mit dem Mehl rundum, dem Meersalz und Olivenöl zu einem geschmeidigen Teig kneten, mit wenig Mehl überstäuben und nochmals 30 Minuten gehen lassen.

4 Den Backofen auf 220 °C (Umluft 200 °C, Gas Stufe 4–5) vorheizen und ein Backblech mit Olivenöl bepinseln. Den Teig auf einer bemehlten Arbeitsfläche dünn ausrollen.

5 Den Teig auf das Backblech legen und mit dem Kräuteröl bepinseln. Ricotta und Mascarpone auf dem Teig verstreichen und den restlichen Käse gleichmäßig darüber verteilen.

6 Das Backblech in den Backofen (unterste Schiene) schieben und die Pizza in etwa 30 Minuten knusprig backen.

Tipps

- Genießen Sie zu dieser sättigenden Pizza gemischte Blattsalate mit einer leichten Vinaigrette.
- Ersetzen Sie wahlweise zwei Käsesorten durch eingelegte Artischocken und reichlich Oliven.
- Verrühren Sie das Olivenöl für den Teig mit 1 Teelöffel getrockneten italienischen Kräutern.

Pizza mit Rucola

Pizza con rucola

1 Das Mehl in eine Schüssel sieben und in der Mitte eine Mulde formen. Hefe, Honig und 1/8 Liter lauwarmes Wasser einrühren. Mit Mehl überstäuben und den Vorteig zugedeckt etwa 30 Minuten bei Zimmertemperatur gehen lassen.

2 In der Zwischenzeit Zwiebel und Knoblauch abziehen und fein würfeln. Die Möhre schälen und in dünne Stifte schneiden. Die Butter in einer Pfanne erhitzen und darin das Gemüse anbraten. Mit Salz, Pfeffer und Oregano würzen; die Pfanne von der Kochstelle ziehen.

3 Den Vorteig mit dem Mehl, Olivenöl und Kräutersalz zu einem geschmeidigen Teig kneten. Mit Mehl bestäuben und nochmals 30 Minuten gehen lassen.

4 Die Oliven entsteinen und in Streifen schneiden. Den Mozzarella klein würfeln. Den Backofen auf 220 °C (Umluft 200 °C, Gas Stufe 4–5) vorheizen und ein Backblech mit Olivenöl bepinseln.

5 Den Teig in zwei Portionen teilen und auf einer bemehlten Arbeitsfläche zu runden Pizzen von etwa 20 Zentimeter Durchmesser ausrollen.

6 Die Pizzen auf das Backblech legen und mit Olivenöl bepinseln. Mit dem Pfanneninhalt, den Oliven sowie dem Mozzarella belegen und etwas Olivenöl darüber träufeln. Die Pizzen in den Backofen (unterste Schiene) schieben und in etwa 25 Minuten knusprig backen.

7 Den Rucola verlesen, waschen und trockenschwenken. Mit Olivenöl, Aceto balsamico, Salz und Pfeffer vermischen. Die fertigen Pizzen auf Teller geben und mit Rucola belegen.

Variante

Den Teig auf einem Backblech ausrollen und nach dem Backen in Vierecke schneiden. Warm oder kalt servieren und dazu Grana Padano oder Parmigiano Reggiano am Stück und Oliven reichen.

Kohlenhydratreich

Würzig im Geschmack

Für 2 Pizzen

Teig
200 g Mehl
1/2 Päckchen Trockenhefe
1 TL Honig
Mehl zum Bestäuben
und für die Arbeitsfläche
2 EL Olivenöl
1/2 TL Kräutersalz
Olivenöl für das Backblech
und zum Beträufeln

Belag
1 große Zwiebel
4 Knoblauchzehen
1 Möhre
1 EL Butter
Meersalz
schwarzer Pfeffer
1 TL getrockneter Oregano
50 g schwarze Oliven
200 g Mozzarella
100 g Rucola
3 EL Olivenöl
2 EL Aceto balsamico

Zubereitungszeit
etwa 2 Stunden
Ruhezeit 1 Stunde

Pro Portion
4823 kJ/1157 kcal
74 g Fett
89 g Kohlenhydrate
8 g Ballaststoffe
63 mg Cholesterin

Getränketipp
Dazu passt ein roter
Tafelwein La Stoppa
aus der Emilia Romagna.

Vollkornpizza mit Pfifferlingen und Fontina

Pizza con gallinacci e fontina

Italienische Meisterleistung

Für 2 Pizzen

Teig

50 g Haferflocken
200 g Weizenvollkornmehl
1/2 Würfel frische Hefe
1 EL Honig
Meersalz
Mehl für die Arbeitsfläche
Olivenöl für das Backblech

Belag

1 Zwiebel
3 Knoblauchzehen
1/2 Bund glatte Petersilie
300 g frische Pfifferlinge (ersatzweise 2 kleine Dosen à ca. 165 g)
1 EL Butter
Meersalz
schwarzer Pfeffer
100 g frisch geriebener Fontina (italienischer halbfester Schnittkäse)
30 g frisch geriebener Grana Padano

Zubereitungszeit

etwa 1 Stunde

Pro Portion

3741 kJ/893 kcal
42 g Fett
92 g Kohlenhydrate
16 g Ballaststoffe
85 mg Cholesterin

Getränketipp

Dazu passt ein Rotwein Riviera Ligure di Ponente.

1 Die Haferflocken mit 100 Milliliter kochendem Wasser übergießen und quellen lassen. Das Mehl in eine Schüssel sieben und in der Mitte eine Mulde formen. Die Hefe hineinbröckeln und mit Honig und 100 Milliliter lauwarmem Wasser verrühren. Mit einem Tuch abdecken und den Vorteig 30 Minuten bei Zimmertemperatur gehen lassen.

2 In der Zwischenzeit Zwiebel und Knoblauch abziehen und fein würfeln. Petersilie waschen, trockenschwenken, die Blättchen von den Stielen zupfen und fein hacken. Die Pfifferlinge verlesen, putzen und in kleine Stücke schneiden.

3 Den Vorteig mit dem Mehl, 1 Prise Meersalz und den Haferflocken zu einem geschmeidigen Teig kneten. Zu einem Kloß formen, mit Mehl bestäuben und nochmals 30 Minuten gehen lassen.

4 Die Butter in einer Pfanne erhitzen. Zwiebel- und Knoblauchwürfel darin anbraten und die Pilze einstreuen. Das Gemüse dünsten, bis der Pilzsaft verdampft ist, mit Meersalz und Pfeffer würzen. Die Pfanne von der Kochstelle ziehen, Petersilie unter das Gemüse rühren.

5 Den Backofen auf 220 °C (Umluft 200 °C, Gas Stufe 4–5) vorheizen und ein Backblech mit Olivenöl bepinseln.

6 Den Teig in zwei Portionen teilen und auf einer bemehlten Arbeitsfläche zu runden Pizzen auswellen. Auf das Backblech legen und den Teig vor allem an den Rändern gut mit Olivenöl einpinseln.

7 Die Pizzen mit Pilzen belegen und den Käse darüber verteilen. Mit Olivenöl beträufeln. Das Backblech in den Backofen (unterste Schiene) schieben und die Pizzen in etwa 25 Minuten knusprig backen.

Tipp

Dazu passt ein Radicchiosalat mit cremiger Joghurt-Knoblauch-Sauce.

In der cucina italiana …

… dürfen Pilze und Fontina aus dem Aostatal nicht fehlen. Weil es hier lange Zeit nur wenig Verbindung in die übrige Welt gab, entwickelte sich im Aostatal eine eigene, deftige bäuerliche Küche mit Gerichten aus Produkten, die die Umgebung lieferte – Milch und Milcherzeugnisse, Rindfleisch, Wild, Fisch, Pilze, Kastanien, wilde Beeren und Obst aus dem Obstgarten. Ursprünglich wurden im Aostatal keine Nudeln serviert, stattdessen gab es jedoch immer viel Brot und auch Reis.

Kohlenhydratreich

Gefüllte Pizzarouladen

Pizza arrotolata

Pizza mal anders

Für 2 Portionen (4 Rollen)

Teig
250 g Weizenmehl
1/2 Würfel frische Hefe (ca. 20 g)
1 TL Honig
Meersalz
Olivenöl für das Backblech und zum Bestreichen
Mehl für die Arbeitsfläche

Füllung
2 Fleischtomaten
50 g schwarze Oliven
50 g Gorgonzola
100 g frisch geriebener Fontal

Zubereitungszeit
etwa 1 Stunde 30 Minuten
Ruhezeit 40 Minuten

Pro Portion
4601 kJ/971 kcal
46 g Fett
105 g Kohlenhydrate
8 g Ballaststoffe
76 mg Cholesterin

Getränketipp
Dazu passt ein trockener moussierender Lambrusco aus dem südlichen Tal der Poebene – aber bitte eine mit Korken verschlossene Flasche bevorzugen.

1 Das Mehl in eine Schüssel sieben, eine Mulde formen und 1/8 Liter Wasser hineingießen. Die Hefe hineinbröckeln und mit Honig verrühren. Den Vorteig mit einem Tuch abdecken, bei Zimmertemperatur 20 Minuten gehen lassen.

2 Für die Füllung Tomaten kreuzweise einschneiden, mit kochendem Wasser überbrühen, abziehen, entkernen, das Fruchtfleisch in kleine Stücke schneiden. Die Oliven entkernen und fein hacken. Den Gorgonzola mit einer Gabel zerdrücken und mit dem Fontal vermischen.

3 Den Vorteig mit dem Mehl und mit etwas Meersalz zu einem geschmeidigen Teig kneten und nochmals 20 Minuten gehen lassen. Den Backofen auf 220 °C (Umluft 200 °C, Gas Stufe 4–5) vorheizen und ein Backblech mit Olivenöl einfetten.

4 Den Teig durchkneten und in vier Portionen teilen. Jedes Teigstück auf bemehlter Fläche zu einem Rechteck ausrollen und längs mit Käse belegen. Tomaten und Oliven darüber streuen. Die Ränder einschlagen, fest zusammendrücken und die Teigstücke aufrollen.

5 Die Teigrollen mit Öl bestreichen und mit den Schnittkanten nach unten auf das Blech legen. Die Oberfläche mit einer Gabel einstechen. Das Blech in den Backofen (unterste Schiene) schieben und die Pizzarouladen etwa 20 Minuten backen.

Varianten

Rohen Rinderschinken in die Füllung mischen, der laut Dr. Hay als neutral gilt. Aus dem Teig beliebige Formen herstellen, auch Taschen oder Dreiecke. Die Ränder immer sorgfältig verschließen, damit kein Käse auslaufen kann.

Tipp

Vorab schmecken gebratene Gemüse mit Kräuterdip und als Nachspeise ein Espresso oder Cappuccino.

Grüne und weiße Bandnudeln mit Artischockensauce

Fettuccine verdi e bianche con salsa di carciofini

1 Die Nudeln nach Packungsanweisung in reichlich kochendem Salzwasser bissfest garen. In der Zwischenzeit die Tomaten kreuzweise einschneiden. Mit kochendem Wasser überbrühen, abziehen, entkernen und das Fruchtfleisch in Streifen schneiden.

2 Die Kräuter waschen und trockentupfen. Die Petersilienblättchen von den Stielen zupfen und fein hacken. Den Knoblauch abziehen und fein würfeln. Die Butter in einer großen Pfanne erhitzen und den Knoblauch darin anbraten. Mit Brühe und Sahne aufgießen und bei schwacher Hitze 5 Minuten leicht kochen lassen.

3 Die Artischockenherzen vierteln und zusammen mit den Tomaten sowie der Petersilie in die Sauce geben. Salzen und pfeffern und nur noch ziehen lassen.

4 Die Nudeln in ein Sieb gießen, abtropfen lassen und mit der Sauce vermischen. Auf zwei Tellern anrichten und mit Oreganoblättchen garnieren.

Variante

Das Rezept kann auch mit jeder anderen Nudelsorte zubereitet werden.

Tipp

Servieren Sie dazu eine Platte mit rohem Rinderschinken und roher Rindersalami, beides hauchdünn geschnitten – dies sind neutrale Wurstwaren.

In der cucina italiana …

… gibt es auch arabische Einflüsse. Die Araber brachten die Artischocken nach Europa. Geerntet wird kurz bevor sich die Deckblätter öffnen. Frische Artischocken werden im Winter angeboten.

Eine herrliche Kombination

Für 2 Portionen

200 g weiße und grüne Bandnudeln
Salz
2 Tomaten
einige Stängel glatte Petersilie
einige Blättchen frischer Oregano
2 Knoblauchzehen
1 EL Butter
100 ml Gemüsebrühe
200 g Sahne
schwarzer Pfeffer
5 eingelegte Artischockenherzen

Zubereitungszeit

etwa 30 Minuten

Pro Portion

3066 kJ/732 kcal
39 g Fett
77 g Kohlenhydrate
14 g Ballaststoffe
126 mg Cholesterin

Getränketipp

Dazu passt ein Rotwein Lison Pramaggiore aus den Provinzen Venedig oder Treviso.

Kohlenhydratreich

Rote Spaghetti mit Blumenkohl und Brokkoli

Spaghetti »tre colori«

Ein Fest der Farben

Für 2 Portionen
50 g Mandelblättchen
150 g Blumenkohl
150 g Brokkoli
200 g rote Spaghetti
8 EL Olivenöl
Meersalz
schwarzer Pfeffer
1 Messerspitze gemahlene Muskatnuss
50 g frisch geriebener Pecorino (italienischer Hartkäse aus Schafsmilch)

Zubereitungszeit
etwa 30 Minuten

Pro Portion
4270 kJ/1020 kcal
70 g Fett
73 g Kohlenhydrate
14 g Ballaststoffe
18 mg Cholesterin

Getränketipp
Dazu passt klassischerweise ein toskanischer Rotwein Brunello di Montalcino.

1 Die Mandelblättchen in einer heißen ungefetteten Pfanne unter Wenden kurz rösten, auf einem Teller beiseite stellen.

2 Blumenkohl und Brokkoli in kleine Röschen teilen, putzen und die Stiele quer in dünne Scheibchen schneiden. Gründlich waschen und abtropfen lassen.

3 Die Spaghetti in reichlich Salzwasser bissfest garen. In der Zwischenzeit 6 Esslöffel Olivenöl in einer Pfanne erhitzen und darin das Gemüse etwa 8 Minuten braten. Mit Meersalz, Pfeffer und Muskatnuss würzen.

4 Die Spaghetti abtropfen lassen, in der Pfanne mit dem Gemüse, dem restlichen Olivenöl und dem Käse vermischen. Das Gericht in der Pfanne auf den Tisch bringen und mit Mandelblättchen garniert servieren.

Variante

Wer es sahniger mag, mischt unter den Pfanneninhalt 2 Esslöffel Mascarpone.

Tipp

Stellen Sie zusätzlich Pecorino im Käsehobel und in Öl eingelegte gemischte Oliven und Zwiebelchen auf den Tisch – so kann sich jeder nach Belieben selbst bedienen.

In der cucina italiana …

… kennt man römischen, sardischen, sizilianischen und toskanischen Pecorino – dieser beliebte Käse wird in vielen Regionen Italiens aus Schafsmilch hergestellt. Die römische Variante ist die am meisten exportierte, sie wird als pikanter, leicht scharfer Reibekäse verwendet. Sardischer und toskanischer Pecorino wird, nicht zu lange gereift, gerne als Tafelkäse serviert.

Spinatspaghetti mit Austernpilzen

Spaghetti verdi con funghi cardoncelli

1 Die Austernpilze putzen, harte Stiele entfernen und die Pilze in kleinere Stücke schneiden. Petersilie und Thymian waschen, trockenschwenken, die Blättchen von den Stielen zupfen und fein hacken.

2 Die Knoblauchzehen abziehen und fein würfeln. Die Spaghetti in reichlich Salzwasser bissfest garen. In einer Pfanne die Butter erhitzen und darin den Knoblauch kurz anbraten.

3 Die Pilze hinzufügen, salzen und pfeffern und dünsten, bis der Pilzsaft verdampft ist. Den Weißwein angießen, die Kräuter einstreuen, das Ragout pfeffern und bei schwacher Hitze unter gelegentlichem Rühren etwa 5 Minuten ziehen lassen.

4 Die Nudeln in ein Sieb gießen, abtropfen lassen und in einer Schüssel mit Olivenöl, den Pilzen sowie dem Käse locker vermengen. Auf vorgewärmte Teller verteilen und sofort servieren.

Variante

Nach Belieben die Pilze in einer Sahnesauce servieren. Dazu einfach die fertige Pilzmischung mit 100 Gramm Sahne oder auch 2 Esslöffeln Crème fraîche verfeinern.

Tipp

Reichen Sie einen bunt gemischten Salat mit Schafskäsewürfeln und einer Vinaigrette als Vorspeise.

In der cucina italiana …

… variieren die Hausfrauen ihre Pasta einfallsreich durch die Zugabe allerlei färbender Beigaben. So entstehen rötliche Nudeln durch die Beimischung von pürierten Tomaten oder Roten Beten, gelborangefarbene Pasta erhält man durch Zugabe von Püree aus Möhren oder Kürbis oder von Safran. Mit feinst gehackten Spinat-, Brennnessel- oder Kräuterblättchen werden Nudeln grün gefärbt, und schwarze Nudeln gibt es, wenn man in den Teig Tintenfischtinte mischt.

Kohlenhydratreich

Raffiniert

Für 2 Portionen
300 g Austernpilze
1/2 Bund glatte Petersilie
1 frischer Thymianzweig
4 Knoblauchzehen
200 g Spinatspaghetti
Meersalz
2 EL Butter
50 ml trockener Weißwein
schwarzer Pfeffer
2 EL Olivenöl
50 g frisch geriebener Pecorino (italienischer Hartkäse aus Schafsmilch)

Zubereitungszeit
etwa 40 Minuten

Pro Portion
2848 kJ/680 kcal
32 g Fett
71 g Kohlenhydrate
17 g Ballaststoffe
51 mg Cholesterin

Getränketipp
Dazu passt ein leichter Valpolicella Classico aus Venetien.

Bandnudeln mit bunten Zutaten

Fettuccine al tomaso

Ein Genuss

Für 2 Portionen
1 kleine Zwiebel
2 Knoblauchzehen
1 frische Chilischote
2 Fleischtomaten
50 g Pinienkerne
200 g Fettuccine
Salz
2 EL Olivenöl
schwarzer Pfeffer
150 g Mozzarella
4 dünne Scheiben roher Rinderschinken
etwa 10 Rucolablätter

Zubereitungszeit
etwa 45 Minuten

Pro Portion
3576 kJ/858 kcal
41 g Fett
78 g Kohlenhydrate
9 g Ballaststoffe
58 mg Cholesterin

Getränketipp
Dazu passt ein Chianti Classico vom Weingut Villa Antinori in der Toskana.

1 Zwiebel und Knoblauch abziehen und fein würfeln. Die Chilischote putzen, längs aufschneiden, entkernen, waschen und fein würfeln.

2 Die Tomaten kreuzweise einschneiden, mit kochendem Wasser überbrühen, abziehen und entkernen. Das Fruchtfleisch in etwa 1/2 Zentimeter große Würfel schneiden.

3 Die Pinienkerne in einer heißen ungefetteten Pfanne unter Wenden kurz rösten; auf einem Teller beiseite stellen.

4 Die Nudeln in reichlich Salzwasser bissfest garen. Das Olivenöl in einer Pfanne erhitzen, Zwiebel- und Knoblauchwürfel glasig braten. Chili und Tomaten hinzufügen, alles einige Minuten dünsten. Mit Salz und Pfeffer würzen.

5 Mozzarella und Schinken klein würfeln. Rucola waschen, trockenschwenken und quer in kleine Stücke schneiden.

6 Die Nudeln in ein Sieb gießen und abtropfen lassen. In einer Schüssel mit Tomaten, Pinienkernen, Mozzarella, Schinken und Rucola vermischen, bis der Käse Fäden zieht. Auf Portionsteller verteilen und heiß servieren.

Tipps
- Stellen Sie dazu frisch gehobelten Käse und Oliven bereit.
- Nehmen Sie alternativ eine andere Nudelsorte Ihrer Wahl, am besten Spaghetti, Linguine, Bucatini oder Zite (Makkaroni).
- Sollten Sie keinen rohen Rinderschinken bekommen, dann gibt es keine »fleischige« Alternative – laut Dr. Hay sind bei den Fleischwaren nur roher Rinderschinken und rohe Rindersalami neutral.

Dünne Spaghetti mit Paprika und Oliven

Spaghettini alla ciociara

Dekorativ und köstlich

Für 2 Portionen
2 rote Paprikaschoten
100 g schwarze Oliven
1/2 Bund glatte Petersilie
50 g Pinienkerne
200 g Spaghettini
Meersalz
2 EL Olivenöl
100 g frisch geriebener Pecorino (italienischer Hartkäse aus Schafsmilch)
schwarzer Pfeffer

Zubereitungszeit
etwa 40 Minuten

Pro Portion
4319 kJ/1032 kcal
60 g Fett
85 g Kohlenhydrate
14 g Ballaststoffe
36 mg Cholesterin

Getränketipp
Dazu passt ein tiefroter Bardolinowein aus der Gegend von Bardolino am Gardasee.

1 Den Backofen auf 200 °C (Umluft 180 °C, Gas Stufe 3–4) vorheizen. Die Paprikaschoten waschen, halbieren und putzen. Mit den Schnittflächen auf ein Backblech legen und für 20 Minuten in den Backofen (mittlere Schiene) schieben.

2 Die Oliven entsteinen und in Streifen schneiden. Petersilie waschen, trockenschwenken, die Blättchen von den Stielen zupfen und fein hacken.

3 Die Pinienkerne in einer heißen ungefetteten Pfanne unter Wenden kurz rösten und auf einem Teller beiseite stellen. Die Paprikaschoten aus dem Ofen nehmen, etwas abkühlen lassen, häuten und in Streifen schneiden. Die Spaghettini in reichlich Salzwasser bissfest garen.

4 Die Nudeln in ein Sieb gießen und kurz abtropfen lassen. Mit Paprikastreifen, Oliven, Pinienkernen, Petersilie, Olivenöl und Pecorino vermischen. Mit Salz und Pfeffer würzen und auf zwei große Teller verteilen.

Variante

Die Paprikahälften müssen nicht gehäutet werden. Man kann sie auch roh in Streifen schneiden und in der Pfanne in etwas Olivenöl anbraten.

Tipps

- Zu diesem Rezept passen alle Sorten von langen Nudeln, etwa Bandnudeln wie Fettuccine, Tagliatelle, die schmalen Linguine oder die breiten Pappardelle.
- Auch Trenette, flache Spaghetti, können verwendet werden. Weniger geeignet sind kurze oder figürliche Nudeln.
- Als Vorspeise eignen sich Gemüsesticks von Zucchini, Sellerie und Möhren mit Gorgonzolacreme.

Vollkornrigatoni mit Wirsingsahne

Rigatoni integrali con salsa di verza

Ein herbstlicher Leckerbissen

Für 2 Portionen

6 große grüne Wirsingblätter
1 Schalotte
1 Knoblauchzehe
50 g Pinienkerne
200 g Vollkornrigatoni
Salz
einige Blättchen frischer Salbei
1 EL Butter
1/8 l Gemüsebrühe
Kräutersalz
schwarzer Pfeffer
50 g Crème fraîche

Zubereitungszeit

etwa 40 Minuten

Pro Portion

2628 kJ/628 kcal
30 g Fett
66 g Kohlenhydrate
16 g Ballaststoffe
38 mg Cholesterin

Getränketipp

Dazu passt ein roter Marzemino aus dem Trentino oder ein Merlot aus dem Friaul, z. B. ein Colli di Novacuzzo.

1 Die Wirsingblätter putzen, in fingerdicke Streifen schneiden, die Blattrippen entfernen, die Blätter waschen. Schalotte und Knoblauch abziehen und fein würfeln. Die Pinienkerne in einer heißen ungefetteten Pfanne unter Wenden kurz rösten, auf einem Teller beiseite stellen.

2 Die Nudeln in reichlich Salzwasser bissfest garen. Die Salbeiblättchen waschen, trockentupfen und in feine Streifen schneiden. Die Butter in einem Topf erhitzen und darin Zwiebel- und Knoblauchwürfel glasig braten.

3 Mit Brühe aufgießen, aufkochen lassen und den Wirsing hinzufügen. Etwa 10 Minuten leicht kochen lassen, mit Kräutersalz und Pfeffer würzen.

4 Die Nudeln kurz abtropfen lassen und in eine Schüssel geben. Den Wirsing mit Crème fraîche und Salbei verrühren und mit den Nudeln sowie den Pinienkernen in der Schüssel vermischen.

Tipp

- Für Nudelsaucen eignen sich alle Herbst- und Wintergemüse hervorragend – schneiden Sie die Gemüse einfach entsprechend klein, und kochen Sie sie in jedem Fall vor.

In der cucina italiana …

… wird vor allem in den nördlichen Regionen Italiens, in Südtirol und im Trentino sowie in der Lombardei, gern mit Kohl gekocht. So ist etwa Wirsing mit Schweinefleisch ein typisch lombardisches Gericht. Als Beilage zu Fleisch kennt man in diesen Regionen aber auch Wirsingröllchen oder als edles Gemüsegericht Wirsingsoufflé, serviert mit einer feinen Käse- oder Tomatensauce.

Röhrchennudeln mit Tomatensauce

Penne al pomodoro

1 Die Tomaten waschen und in kleine Stücke schneiden. Oreganoblättchen waschen, trockentupfen und in feine Streifen schneiden. Zwiebel und Knoblauch abziehen und fein würfeln.

2 In einem Topf 2 Esslöffel Olivenöl erhitzen und darin Zwiebel- und Knoblauchwürfel glasig braten. Tomatenstücke hinzufügen und unter Rühren mitbraten. Mit Salz und Pfeffer würzen, mit Rotwein aufgießen und bei mittlerer Hitze etwa 10 Minuten kochen lassen.

3 Die Nudeln in reichlich Salzwasser bissfest garen. Die Tomatensauce durch ein Sieb streichen. Mit Mascarpone verrühren und noch etwas ziehen lassen. Eventuell nachwürzen.

4 Die Nudeln kurz abtropfen lassen und im Topf mit dem restlichen Olivenöl locker vermengen. Auf Teller verteilen und mit der Tomatensauce überziehen. Oregano und Käse darüber streuen.

Varianten

- Sowohl Mascarpone – wegen der Kalorien – als auch Wein – falls Kinder mitessen – kann durch Gemüsebrühe ersetzt werden.
- Eine angenehme Schärfe bekommt das Gericht, wenn 1 frische rote Chilischote im Ganzen in der Sauce mitgekocht wird – diese jedoch vor dem Portionieren entfernen.

Tipps

- Stellen Sie zusätzlich Schüsselchen mit eingelegten getrockneten Tomaten, Artischockenböden oder -herzen und Oliven bereit.
- Die Sauce wird, wenn Sie sie durch ein Sieb streichen, sehr fein und cremig.
- Sollten Sie es anders bevorzugen, einfach die Tomaten vor dem Kleinschneiden überbrühen und abziehen.
- Falls Sie keine aromatischen Tomaten bekommen, so nehmen Sie einfach konservierte Tomatenstücke im Saft oder geschälte Tomaten aus der Dose.

Klassiker

Für 2 Portionen

500 g Tomaten
einige Blättchen frischer Oregano
1 kleine Zwiebel
2 Knoblauchzehen
3 EL Olivenöl
Salz
schwarzer Pfeffer
50 ml Rotwein
200 g Penne
2 EL Mascarpone
gehobelter Grana Padano

Zubereitungszeit

etwa 30 Minuten

Pro Portion

2811 kJ/672 kcal
28 g Fett
80 g Kohlenhydrate
8 g Ballaststoffe
29 mg Cholesterin

Getränketipp

Zu diesem klassischen Nudelgericht passt ein einfacher Chianti.

Nudelkringel mit Käse in der Brühe

Cappelletti di formaggio in brodo

Für Käseliebhaber

Für 2–3 Portionen (ca. 50 Stück)

Teig
200 g Weizenmehl
Meersalz
1 TL Olivenöl
Mehl für die Arbeitsfläche

Füllung
100 g Ricotta (italienischer Frischkäse)
100 g frisch geriebener Asagio piccante (italienischer Hartkäse)
1 Eigelb
Kräutersalz
schwarzer Pfeffer
1 Messerspitze gemahlene Muskatnuss

Außerdem
1 l Gemüsebrühe
gehobelte Späne von Grana Padano

Zubereitungszeit
etwa 1 Stunde 40 Minuten

Pro Portion
2788 kJ/664 kcal
32 g Fett
65 g Kohlenhydrate
5 g Ballaststoffe
161 mg Cholesterin

Getränketipp
Dazu passt ein Valpolicella aus der Region Venetien.

1 Aus Weizenmehl, Meersalz, Olivenöl und 50 Milliliter lauwarmem Wasser einen geschmeidigen Teig kneten. In Klarsichtfolie hüllen und bei Zimmertemperatur etwa 20 Minuten ruhen lassen.

2 In der Zwischenzeit die beiden Käsesorten mit 3 Esslöffeln Wasser und Eigelb cremig rühren. Mit Kräutersalz, Pfeffer und Muskatnuss würzen.

3 Den Teig auf einer bemehlten Arbeitsfläche dünn ausrollen und mit einem Teigrädchen in Quadrate von etwa 5 Zentimetern Kantenlänge schneiden.

4 Die Teigstücke in der Mitte teelöffelweise mit Füllung belegen und zu Dreiecken zusammenklappen. Die Ränder fest zusammendrücken. Jedes Teigstück zu einem Ring formen und die Enden zusammendrücken.

5 Die Gemüsebrühe erhitzen. Inzwischen die Nudelkringel in kochendem Salzwasser etwa 5 Minuten garen und abtropfen lassen. In der heißen Gemüsebrühe servieren und mit Käse garnieren.

Variante

Für die Käsefüllung Käse eigener Wahl verwenden, lediglich darauf achten, dass der Fettgehalt über 45 Prozent liegt (Käse mit weniger Fett gehört zu den eiweißhaltigen Lebensmitteln).

Tipps

- Genießen Sie als Vorspeise einen grünen Bohnensalat mit gerösteten Sesamsamen und zur Nachspeise ein erfrischendes sizilianisches Meloneneis.
- Restliche rohe Nudelkringel können Sie einfrieren und bei Gebrauch im gefrorenen Zustand etwa 10 Minuten in kochendem Salzwasser garen.

Vollkornspiralnudeln mit Nusssauce

Fusilli integrali con salsa di noci

1 Die Nudeln nach Packungsanweisung in reichlich Salzwasser bissfest garen.

2 Die Kräuter waschen, trockenschwenken, die Blättchen von den Stielen zupfen und fein hacken. Die Nüsse hacken und in einer heißen ungefetteten Pfanne unter Wenden kurz rösten, bis sie duften; auf einem Teller beiseite stellen.

3 Die Sahne erhitzen und den Käse einrühren. Mit Salz und Pfeffer pikant abschmecken.

4 Die Nudeln in ein Sieb gießen, kurz abtropfen lassen und in einer vorgewärmten Schüssel mit Nüssen, Sahnesauce und Kräutern vermischen. Sofort servieren.

Tipp

Reichen Sie dazu Feld- oder Rucolasalat mit einer leichten Essig-Öl-Marinade.

In der cucina italiana …

… werden frisch gekochte Nudeln und Sauce oder Ragout entweder vor dem Portionieren in einer großen Schüssel vermischt oder getrennt zu Tisch gebracht. Im letzteren Fall sollte man unbedingt etwas Butter oder Olivenöl unter die Nudeln mischen, damit sie nicht zusammenkleben. Falls man die Nudeln untermischt – wie es in Italien fast immer gebräuchlich ist –, gilt die Regel: Je flüssiger die Sauce, desto flacher sollte die Servierschüssel sein. Ansonsten besteht die Gefahr, dass die Sauce beim Portionieren bereits in der Tiefe der Schüssel verschwunden ist. Die Schüssel sollte unbedingt vorgewärmt werden und die Sauce sehr heiß sein, da das Nudelgericht in der Schüssel schnell auskühlt. In jedem Fall ist es günstig, einen kleinen Teil der Sauce oder des Ragouts zurückzubehalten und in einer Sauciere getrennt zu servieren, damit sich jeder am Tisch ganz nach Geschmack nachnehmen kann.

Kernig und nussig

Für 2 Portionen

200 g Vollkornspiralnudeln
Meersalz
1/2 Bund gemischte frische Kräuter (glatte Petersilie, Oregano, Basilikum)
50 g gemischte Nüsse (Hasel- und Walnüsse, Mandeln, Cashewnüsse, Pinienkerne)
150 g Sahne
50 g frisch geriebener Parmigiano Reggiano (Parmesan)
schwarzer Pfeffer

Zubereitungszeit

etwa 20 Minuten

Pro Portion

3350 kJ/801 kcal
46 g Fett
67 g Kohlenhydrate
14 g Ballaststoffe
99 mg Cholesterin

Getränketipp

Dazu passt ein roter Vino Nobile de Montepulciano oder ein leichter Chianti.

Frühlingsnudelrollen

Cannelloni »primavera«

Mit Gemüsefüllung

Für 2 große Portionen

Füllung
1/2 Bund Suppengemüse
einige Stängel Petersilie
1 kleiner Zucchino
2 Knoblauchzehen
20 g Butter
Meersalz
schwarzer Pfeffer
100 g Mascarpone

Béchamelsauce
30 g Butter
20 g Mehl
1/4 l Milch
2 Lorbeerblätter

Außerdem
10 grüne Lasagneblätter
Butter für die Form
100 g italienischer Ziegenfrischkäse
Butterflöckchen zum Belegen

Zubereitungszeit
etwa 55 Minuten

Pro Portion
4347 kJ/1040 kcal
71 g Fett
71 g Kohlenhydrate
8 g Ballaststoffe
212 mg Cholesterin

Getränketipp
Dazu passt ein Rotwein Bolgheri aus der Provinz Livorno.

1 Für die Füllung das Suppengemüse putzen, waschen und in feine Würfel schneiden. Petersilie waschen, trockenschwenken und hacken. Zucchino waschen, Stiel- und Blütenansatz entfernen und die Frucht auf der Gemüsereibe grob raspeln. Den Knoblauch abziehen und fein würfeln.

2 Die Butter in einer Pfanne erhitzen und darin das vorbereitete Gemüse kurz braten. Mit Salz und Pfeffer würzen. Die Pfanne von der Kochstelle ziehen, das Gemüse mit Mascarpone vermischen und bis zur Verwendung abkühlen lassen.

3 Die Butter zerlassen und das Mehl darin anschwitzen. Mit der Milch aufgießen. Unter Rühren einige Male aufkochen lassen, die Lorbeerblätter hinzufügen und den Topf von der Kochstelle nehmen.

4 Die Lasagneblätter in kochendem Salzwasser 5 bis 8 Minuten garen. Mit einem Schaumlöffel herausnehmen, kurz abtropfen lassen und auf einer Arbeitsfläche auslegen.

5 Den Backofen auf 200 °C (Umluft 180 °C, Gas Stufe 3–4) vorheizen und eine Auflaufform mit Butter ausfetten. Die Nudelblätter mit der sahnigen Gemüsefüllung belegen, aufrollen und mit der Schnittkante nach unten nebeneinander in die Auflaufform legen.

6 Den Ziegenkäse grob zerkleinern und auf den Nudelrollen verteilen. Die Béchamelsauce darüber gießen und mit Butterflöckchen belegen. Die Nudelrollen im Backofen (mittlere Schiene) in etwa 25 Minuten goldgelb überbacken.

Variante

Die Frühlingsnudelrollen mit Ziegenkäsescheiben belegen, mit 200 Gramm Sahne begießen und überbacken.

Tipp

Reichen Sie dazu einen anregenden, leicht bitteren Salat aus Chicorée, Radicchio und Zwiebeln.

In der cucina italiana …

… werden große Nudelröhren, die man entweder selbst aus frisch hergestelltem Nudelteig zubereiten, aus halb gegarten Lasagneblättern formen oder aber vorgefertigt kaufen kann, Cannelloni genannt. Cannelloni werden immer gefüllt, mit einer Sauce überzogen und im Ofen gegart. Lasagneblätter, die rechteckigen Teigplatten, die schichtweise abwechselnd mit Sauce in die Form kommen und dann überbacken werden, gibt es bereits vorgegart zu kaufen. Dennoch ist es zu empfehlen, auch diese vorab nochmals kurz zu kochen, damit sie anschließend nicht zu viel Flüssigkeit aus dem Gericht aufnehmen und die Lasagne austrocknen. Übrigens: Mit »Lasagne« werden in Italien auch lange breite, glatte oder beidseitig gewellte Bandnudeln bezeichnet.

Überbackene Muschelnudeln

Conchiglioni al forno

Für Gäste

Für 2 Portionen
14 große Muschelnudeln
Meersalz
1 EL Olivenöl
einige Blättchen frischer Oregano
1 kleine Zwiebel
150 g Ricotta (italienischer Frischkäse)
50 g frisch geriebener Parmigiano Reggiano (Parmesan)
1 Eigelb
schwarzer Pfeffer
Butter für die Form
100 g Sahne
100 g Gorgonzola
1/2 Kopf Radicchio
3 EL Walnussöl
1 EL Rotweinessig

Zubereitungszeit
etwa 45 Minuten

Pro Portion
4673 kJ/1121 kcal
83 g Fett
53 g Kohlenhydrate
5 g Ballaststoffe
293 mg Cholesterin

Getränketipp
Dazu passt ein roter Tignanello vom toskanischen Weingut Villa Antinori.

1 Die Nudeln in reichlich Salzwasser bissfest garen. In ein Sieb gießen, abtropfen lassen und mit Olivenöl vermischen.

2 Den Oregano waschen, trockentupfen und in feine Streifen schneiden. Zwiebel abziehen, fein würfeln. Ricotta mit 3 Esslöffeln warmem Wasser, Parmigiano, Eigelb, Oregano und Zwiebelwürfeln cremig rühren. Mit Salz und Pfeffer würzen.

3 Den Backofen auf 200 °C (Umluft 180 °C, Gas Stufe 2–3) vorheizen und eine Auflaufform mit Butter ausstreichen. Die Nudeln löffelweise mit der Käsecreme füllen und in die Form setzen.

4 Die Sahne in einem Topf erhitzen. Den Gorgonzola zerkleinern, in der Sahne schmelzen und die Sauce über die gefüllten Nudeln verteilen.

5 Das Gericht in den vorgeheizten Backofen (mittlere Schiene) schieben und 15 Minuten gratinieren.

6 In der Zwischenzeit den Radicchio in Blätter zerteilen, putzen, waschen und trockenschwenken. Blätter in Streifen schneiden. Mit Walnussöl, Rotweinessig, Meersalz und Pfeffer anmachen.

7 Die gefüllten Nudeln auf zwei große Teller verteilen und mit je einem roten Salatrand garniert servieren.

Variante
Abgezogene und entkernte Tomatenwürfel mit Zwiebeln, Knoblauch, Olivenöl und Pinienkernen als Salat anmachen und als Bett für die Muschelnudeln in Tellern anrichten.

Überbackene Makkaroni mit Brokkoli

Maccheroni al forno con broccoli

1 Die Makkaroni nach Belieben in kurze Stücke brechen und in reichlich Salzwasser bissfest garen.

2 In der Zwischenzeit den Brokkoli putzen, in kleine Röschen teilen und gründlich waschen. Gut abtropfen lassen und die Stiele in Scheibchen schneiden.

3 Die Möhre schälen und in dünne Stifte schneiden. Den Knoblauch abziehen und fein würfeln. Die Butter in einer Pfanne erhitzen und den Knoblauch glasig braten.

4 Brokkoli und Möhren dazugeben, kurz mitbraten und mit Salz, Pfeffer und Safran würzen. Mit Gemüsebrühe aufgießen und einige Minuten ziehen lassen.

5 Die Nudeln in ein Sieb gießen, kalt überbrausen und gut abtropfen lassen.

6 Den Backofen auf 200 °C (Umluft 180 °C, Gas Stufe 3–4) vorheizen und eine Auflaufform mit Butter ausstreichen. Die Petersilie waschen, trockenschwenken und fein hacken.

7 Abwechselnd Nudeln, Gemüse und Petersilie einschichten und das Ganze mit Käse bestreuen. Sahne und Eigelb glatt rühren und darüber gießen.

8 Die Form in den Backofen (mittlere Schiene) stellen und den Nudelauflauf in etwa 20 Minuten goldgelb überbacken.

Variante

In einen Nudelauflauf lässt sich alles Mögliche untermischen, was an Resten im Kühlschrank ist – beispielsweise Suppengemüse, Blumenkohl und Wirsing; auch gedünstete Zwiebeln lassen sich gut zwischen die Nudeln einbetten.

Kohlenhydratreich

Pikanter Auflauf

Für 2 Portionen

200 g Makkaroni
Salz
250 g Brokkoli
1 Möhre
2 Knoblauchzehen
2 EL Butter
schwarzer Pfeffer
1 Messerspitze gemahlener Safran
50 ml Gemüsebrühe
Butter für die Form
einige Stängel Petersilie
100 g frisch geriebener Pecorino (italienischer Hartkäse aus Schafsmilch)
200 g Sahne
1 Eigelb

Zubereitungszeit

etwa 50 Minuten

Pro Portion

4483 kJ/1071 kcal
67 g Fett
78 g Kohlenhydrate
9 g Ballaststoffe
317 mg Cholesterin

Getränketipp

Dazu passt ein Rotwein Lizzano aus Apulien, aus der Provinz Taranto.

Lasagne mit Steinpilzen

Lasagne con porcini

Edles im Herbst

Für 2 Portionen

200 g Champignons
150 g Steinpilze
1 Schalotte
1 Knoblauchzehe
1 kleine Möhre
1/2 Bund Petersilie
30 g Butter
300 g Sahne
Meersalz
schwarzer Pfeffer
1 Messerspitze gemahlene Muskatnuss
Butter für die Form
150 g Mozzarella
9 Lasagneblätter

Zubereitungszeit

etwa 1 Stunde

Pro Portion

4344 kJ/1038 kcal
78 g Fett
52 g Kohlenhydrate
10 g Ballaststoffe
248 mg Cholesterin

Getränketipp

Dazu passt der toskanische Rotwein Vino Nobile de Montepulciano.

1 Champignons und Steinpilze putzen und in dünne Scheiben schneiden. Die Schalotte und den Knoblauch abziehen und fein hacken. Die Möhre schälen und klein würfeln. Die Petersilie waschen, trockentupfen, die Blättchen von den Stielen zupfen und fein hacken.

2 Die Butter in einem Topf erhitzen und darin Schalotte, Knoblauch und Möhrenwürfel anbraten. Die Pilze hinzufügen und alles dünsten, bis der Pilzsaft verdampft ist. Das Gemüse mit der Sahne aufgießen und nach dem ersten Aufkochen von der Kochstelle ziehen. Petersilie einrühren und alles mit Meersalz, Pfeffer und Muskat würzen.

3 Den Backofen auf 200 °C (Umluft 180 °C, Gas Stufe 3–4) vorheizen und eine Auflaufform mit Butter ausstreichen. Den Mozzarella in dünne Scheiben schneiden. Etwas Pilzsahne auf dem Boden der Form verteilen und diese mit 3 Lasagneblättern belegen.

4 Die Lage mit Pilzsahne überziehen und mit ein paar Mozzarellascheiben belegen. Die nächsten 3 Nudelplatten darauf legen und genauso fortfahren. Den Abschluss bilden die restliche Pilzsahne und Käsescheiben. Den Auflauf in den heißen Backofen (mittlere Schiene) schieben und in 30 Minuten goldgelb überbacken.

Varianten

- Die Lasagne mit Zucchini, Porree und Knollensellerie variieren.
- Das i-Tüpfelchen auf der tischfertigen Lasagne wären ein paar hauchdünne Trüffelscheiben.
- Alternativ zu Champignons und Steinpilzen können Sie Egerlinge verwenden und 2 Tropfen Steinpilzöl dazugeben.

Tipp

Genießen Sie dazu Radicchio mit Olivenöl und Aceto balsamico angemacht, überstreut mit gehobeltem Grana Padano und gerösteten Pinienkernen.

Lasagne mit Spinat

Lasagne agli spinaci

1 Tiefgefrorenen Spinat auftauen und im Sieb abtropfen lassen. Frischen Spinat verlesen, gründlich waschen und in kochendem Salzwasser 1 Minute blanchieren. In ein Sieb gießen, mit kaltem Wasser abschrecken und abtropfen lassen. Knoblauch abziehen und fein würfeln.

2 Die Tomaten kreuzweise einschneiden, mit kochendem Wasser überbrühen, abziehen und in kleine Würfel schneiden. Basilikum waschen, trockentupfen, in feine Streifen schneiden und mit den Tomaten vermischen. Den Backofen auf 200 °C (Umluft 180 °C, Gas Stufe 3–4) vorheizen und eine kleine Auflaufform mit Butter ausstreichen.

3 Die Sahne erhitzen und den Fontina darin schmelzen; den Topf von der Kochstelle ziehen. Die Sauce mit Salz, Pfeffer und Cayennepfeffer würzen und das Eigelb unterrühren. Die Hälfte der Tomatenwürfel auf den Boden der Form streuen und mit 3 Lasagneblättern belegen.

4 Die Nudelblätter mit einem Drittel der Sauce überziehen, die Hälfte Spinat und Knoblauch darauf verteilen. Weitere 3 Nudelblätter auflegen, restliche Tomaten darüber streuen, mit dem zweiten Drittel Sauce überziehen. Rest Spinat und Knoblauch darauf geben, mit Sauce beträufeln und letzte Blätter auflegen.

5 Das Käsestück mit einem Sparschäler in dünne Streifen schneiden und diese auf die Nudelblätter streuen. Alles mit dem Rest Sauce überziehen und mit Butterflöckchen belegen. Die Lasagne in den Backofen (mittlere Schiene) schieben und etwa 30 Minuten überbacken.

Tipp

Lasagneblätter sind auch vorgekocht erhältlich, was eine Arbeitsersparnis ist. Besser ist es jedoch, Sie kochen sie vorher 1 Minute in sprudelndem Salzwasser, da die Nudelblätter sonst beim Überbacken zu viel Flüssigkeit aufsaugen und die Lasagne eher trocken wird.

Kohlenhydratreich

Ein Klassiker

Für 2 Portionen

500 g frische junge Spinatblätter oder
300 g tiefgefrorener Blattspinat
Meersalz
2 Knoblauchzehen
4 Fleischtomaten
einige Blättchen frisches Basilikum
Butter für die Form
300 g Sahne
50 g frisch geriebener Fontina (italienischer halbfester Schnittkäse)
schwarzer Pfeffer
1 Messerspitze Cayennepfeffer
1 Eigelb
9 Lasagneblätter
50 g Fontina
Butterflöckchen zum Belegen

Zubereitungszeit

etwa 55 Minuten

Pro Portion

4631 kJ/1100 kcal
81 g Fett
59 g Kohlenhydrate
10 g Ballaststoffe
385 mg Cholesterin

Getränketipp

Dazu passt ein junger Rotwein Barbaresco aus dem Piemont.

Fleisch und Geflügel

Carni e pollame

Italien wartet mit einer Vielfalt an genussvollen Gerichten mit Fleisch und Geflügel auf. Hauchdünne Kalbsschnitzel, deftiger Schweinebraten mit Kräuterkruste oder butterweich geschmortes Lammgulasch – da bleiben keine Wünsche offen. Jede Region hat dabei ihre bevorzugten Fleischsorten und Zubereitungsarten. So gibt es in Mittel- und Süditalien viele Spezialitäten mit Lammfleisch, und in der Poebene wie auch in der Toskana wird gerne mit Rind- und Kalbfleisch gekocht. Schweinefleisch aber gehört im ganzen Land zur Küchentradition.

Auberginen mit Parmaschinken

Melanzane con prosciutto di Parma

Genüsse aus der Emilia Romagna

Für 2 Portionen

Meersalz
2 kleine Auberginen (knapp 500 g)
1 Zwiebel
2 Knoblauchzehen
2 Fleischtomaten
1 Zweig frischer Rosmarin
50 g dick geschnittener Parmaschinken
4 EL Olivenöl
100 ml Fleischbrühe
Kräutersalz
schwarzer Pfeffer

Zubereitungszeit

etwa 35 Minuten

Pro Portion

1321 kJ/315 kcal
10 g Eiweiß
26 g Fett
8 g Ballaststoffe
15 mg Cholesterin

Getränketipp

Dazu passt ein trockener Weißwein Colli di Parma aus der Emilia Romagna.

1 Reichlich Salzwasser aufkochen. Die Auberginen waschen, im Ganzen hineingeben und bei schwacher Hitze etwa 10 Minuten leicht kochen lassen. In der Zwischenzeit Zwiebel und Knoblauch abziehen und fein würfeln.

2 Die Auberginen in ein Sieb gießen, das Wasser auffangen. Die Auberginen kurz abkühlen lassen, den Stielansatz entfernen und die Früchte längs vierteln.

3 Tomaten kreuzweise einschneiden und mit dem kochend heißen Auberginenwasser überbrühen. Abziehen, entkernen und das Fruchtfleisch in kleine Stücke schneiden.

4 Rosmarin waschen, trockenschwenken. Den Schinken in kleine Würfel schneiden. Das Olivenöl in einem breiten Topf erhitzen. Zwiebel- und Knoblauchwürfel darin glasig braten. Tomaten und Schinken einstreuen und mit Brühe aufgießen. Den Rosmarinzweig einlegen.

5 Die Auberginen hinzufügen und das Ganze mit Salz und Pfeffer würzen. Bei mittlerer Hitze und geschlossenem Topf etwa 15 Minuten garen.

Variante

Alternativ die Auberginen, statt sie zu vierteln, in Scheiben schneiden, braten und mit der separat gekochten Tomatensauce in eine Auflaufform schichten. Mit Parmigiano Reggiano bestreut im Backofen überbacken.

Tipp

Genießen Sie vor diesem feinen Gemüse als Vorspeise Möhren, Bleichsellerie und Fenchel mit Gorgonzolacreme.

Hackfleischröllchen mit Äpfeln auf Salat

Subrics

1 Die Zwiebeln abziehen, die eine fein würfeln und die zweite halbieren und in dünne Streifen schneiden. Den Knoblauch abziehen und fein würfeln.

2 Die Äpfel schälen und vom Kernhaus befreien. Den einen fein hacken und den zweiten in dünne Spalten schneiden. Beides mit Zitronensaft beträufeln. Die Salbeiblättchen waschen, trockentupfen und in feine Streifen schneiden.

3 Das Hackfleisch mit einem Ei, Salbei, Knoblauch, Zwiebel- und Apfelwürfeln vermischen. Die Mischung mit Salz und Pfeffer würzen und zu daumenlangen und -dicken Hackfleischröllchen formen.

4 Etwa 6 Esslöffel Olivenöl in einer Pfanne erhitzen. Die Hackfleischröllchen einlegen und von allen Seiten kräftig anbraten. Mit Weißwein begießen und bei geschlossenem Topf und mittlerer Hitze etwa 20 Minuten schmoren.

5 Den Salat in Blätter zerteilen, putzen, waschen, trockenschwenken und in etwa 1 Zentimeter breite Streifen schneiden.

6 Die Butter in einer Pfanne erhitzen und darin die Zwiebelstreifen und Apfelspalten anbraten. Mit Salz und Pfeffer würzen und Pinienkerne einstreuen.

7 Den Salat mit dem restlichen Olivenöl, Essig, Salz und Pfeffer anmachen und auf zwei großen Tellern verteilen. Die Hackfleischröllchen darauf verteilen und mit den gedünsteten Zwiebeln und Äpfeln belegt servieren.

Tipp

Reichen Sie als Nachspeise einen Käseteller, garniert mit Weintrauben.

Eiweißreich

Raffiniert

Für 2 Portionen (ca. 14 Stück)

2 mittelgroße Zwiebeln
1 Knoblauchzehe
2 säuerliche Äpfel
1 EL Zitronensaft
etwa 6 Blättchen frischer Salbei
300 g Kalbshackfleisch (ersatzweise auch gemischtes Hack)
1 Ei
Kräutersalz
schwarzer Pfeffer
10 EL Olivenöl
50 ml trockener Weißwein
1/2 Römischer Salat
1 EL Butter
1 EL Pinienkerne
1–2 EL Weißweinessig

Zubereitungszeit

etwa 40 Minuten

Pro Portion

4154 kJ/991 kcal
37 g Eiweiß
85 g Fett
5 g Ballaststoffe
231 mg Cholesterin

Getränketipp

Dazu passt zum Auftakt eines gemütlichen italienischen Abends ein Schaumwein Ferrari aus dem Trient.

Eiweißreich

Hähnchenkeulen in Weißwein mit Knoblauchbohnen

Pollo al vino bianco

Ein Leckerbissen

Für 2 Portionen

1 Schalotte
5 Knoblauchzehen
1 Zweig frischer Rosmarin
4 Hähnchenkeulen
Salz
schwarzer Pfeffer
6 EL Olivenöl
300 ml trockener Weißwein
250 g Prinzessbohnen
1/8 l Tomatensaft

Zubereitungszeit

etwa 1 Stunde

Pro Portion

4956 kJ/1185 kcal
78 g Eiweiß
82 g Fett
3 g Ballaststoffe
296 mg Cholesterin

Getränketipp

Dazu passt der zum Kochen verwendete Weißwein, z. B. ein Soave oder Vernaccia.

1 Die Schalotte abziehen und vierteln. Den Knoblauch abziehen und fein würfeln. Den Rosmarin waschen und trockenschwenken. Die Hähnchenkeulen kalt abspülen, mit Küchenpapier trockentupfen und mit Salz und Pfeffer einreiben.

2 In einem breiten Topf die Hälfte Olivenöl erhitzen und darin die Hähnchenkeulen von allen Seiten scharf anbraten. Schalottenviertel und Rosmarinzweig hinzufügen und mit Weißwein aufgießen. Im geschlossenen Topf auf kleiner Stufe etwa 40 Minuten schmoren.

3 In der Zwischenzeit die Bohnen putzen, waschen, halbieren und in einem Sieb abtropfen lassen.

4 In einer hohen Pfanne das restliche Olivenöl erhitzen und darin den Knoblauch glasig braten. Den Tomatensaft angießen, aufkochen und die Bohnen hinzufügen. Mit Salz und Pfeffer würzen. Die Bohnen auf kleiner Stufe im geschlossenen Topf etwa 15 Minuten garen.

5 Die Hähnchenkeulen auf vorgewärmte Teller verteilen und dazu die Bohnen in einer ebenfalls vorgewärmten Schüssel servieren.

Variante

Die Weißweinsauce durch ein Sieb streichen und mit Sahne sowie frisch gehackten Kräutern verfeinern.

Perlhuhnbrüstchen mit Gemüse

Faraona con verdure al limone

1 Den Backofen auf 200 °C (Umluft 180 °C, Gas Stufe 3–4) vorheizen. Die Perlhuhnbrüstchen kalt abspülen, mit Küchenpapier trockentupfen, salzen und pfeffern. In einer feuerfesten Pfanne das Öl erhitzen und darin die Perlhuhnbrüstchen anbraten. Mit je 1 Speckscheibe belegen und für 12 bis 15 Minuten zum Weitergaren in den Backofen (mittlere Schiene) stellen.

2 In der Zwischenzeit den Zucchino waschen, Stiel- und Blütenansatz entfernen und die Frucht in dünne Streifen schneiden. Möhre und Kohlrabi schälen und ebenfalls in Streifen schneiden. Petersilie waschen, trockenschwenken, die Blättchen von den Stielen zupfen und fein hacken. In einer Pfanne die Butter erhitzen und darin die Gemüsestreifen 5 Minuten schwenken. Mit Salz, Pfeffer und Zitronensaft würzen.

3 Die Perlhuhnbrüstchen aus dem Backofen nehmen, Speck entfernen und die Brüstchen für 5 Minuten in Alufolie wickeln. Den Bratensatz mit Weißwein loskochen, Sahne hinzufügen und die Sauce etwas einkochen lassen. Durch ein Sieb streichen und nochmals abschmecken.

4 Die Perlhuhnbrüstchen in dünne Scheiben schneiden und auf zwei vorgewärmte Teller verteilen. Mit Sahnesauce überziehen. Das Gemüse mit Petersilie verfeinern und neben dem Fleisch anrichten. Sofort servieren.

Variante

Statt der Perlhuhnbrüstchen können Sie auch Fasanen-, Hühner- oder Entenbrüstchen verwenden.

Tipp

Reichen Sie als Vorspeise, Zwischengang oder Dessert einen geeisten Fruchtjoghurt: Naturjoghurt mit frischen Himbeeren vermischen und für 1/2 Stunde in das Gefrierfach stellen.

Eiweißreich

Aus den Marken

Für 2 Portionen
2 Perlhuhnbrüstchen
à ca. 150 g
Salz
schwarzer Pfeffer
3 EL Pflanzenöl
2 dünne
Räucherspeckscheiben
1 kleiner Zucchino
1 kleine Möhre
1 kleiner Kohlrabi
1/2 Bund glatte Petersilie
2 EL Butter
Saft von 1/2 Zitrone
50 ml Weißwein
100 g Sahne

Zubereitungszeit
etwa 30 Minuten

Pro Portion
3282 kJ/784 kcal
35 g Eiweiß
67 g Fett
2 g Ballaststoffe
209 mg Cholesterin

Getränketipp
Dazu passt ein prickelnder Schaumwein Ferrari aus dem Trentino.

Eiweißreich

Zitronenschnitzel mit Mangold

Scaloppine al limone con bietole

Schnell und köstlich

Für 2 Portionen
500 g Mangold
1 Schalotte
2 Knoblauchzehen
40 g Butter
Meersalz
schwarzer Pfeffer
2 dünne Kalbsschnitzel à 150 g
2 EL Olivenöl
100 g Sahne
50 g Crème fraîche
frisch gemahlene Muskatnuss
1/2 Zitrone

Zubereitungszeit
etwa 30 Minuten

Pro Portion
2597 kJ/620 kcal
39 g Eiweiß
49 g Fett
5 g Ballaststoffe
232 mg Cholesterin

Getränketipp
Dazu passt ein weißer Locorotondo oder Martinafranca aus den Provinzen Bari oder Brindisi.

1 Den Mangold in Blätter zerteilen und putzen. Die Blätter und Blattstiele waschen, trockenschwenken und quer in etwa 1 Zentimeter breite Streifen schneiden. Schalotte und Knoblauch abziehen und fein würfeln.

2 In einem breiten Topf die Butter erhitzen. Schalotten- und Knoblauchwürfel darin anbraten. Mangold hinzufügen und etwa 5 Minuten dünsten. Mit Salz und Pfeffer würzen.

3 Die Kalbsschnitzel flach klopfen und pfeffern. In einer Pfanne Olivenöl erhitzen und die Schnitzel darin auf beiden Seiten scharf anbraten. Erst danach salzen.

4 Das Mangoldgemüse mit Sahne, Crème fraîche sowie etwas Muskatnuss verfeinern und auf zwei vorgewärmte tiefe Teller verteilen. Je ein Schnitzel dazulegen und mit Zitronensaft beträufeln. Sofort servieren.

Varianten

- Auf dieselbe Weise kann anstelle von Mangold auch Brokkoli, Spinat oder Rosenkohl zubereitet werden.
- Alternativen zum Schnitzel sind auch gebratenes Fischfilet oder, für eine Kohlenhydratmahlzeit, ein Risotto.

Tipp

Genießen Sie als Vorspeise eine Minestrone mit viel Käse (beliebigen Fettgehalts) oder mit Mozzarella überbackene marinierte Artischocken.

Überbackene Kalbsschnitzel mit Weißweinsauce

Scaloppine di vitello al forno

1 Die Kalbsschnitzel flach klopfen und mit Salz und Pfeffer würzen. Schalotten abziehen und in dünne Ringe schneiden. In einer Pfanne die Hälfte der Butter erhitzen und darin die Kalbsschnitzel auf beiden Seiten scharf anbraten; herausnehmen. In den Bratensatz die restliche Butter einrühren und die Schalottenringe darin 5 bis 8 Minuten dünsten.

2 Die Schalotten mit Weißwein begießen und nach dem ersten Aufkochen die Schnitzel darauf legen. Die Hitze reduzieren und die Schnitzel bei geschlossenem Topf mit den Lorbeerblättern etwa 15 Minuten garen.

3 Den Zucchino waschen, Stiel- und Blütenansatz abschneiden und die Frucht in dünne Scheiben schneiden. Die Salbeiblätter waschen, trockentupfen und in feine Streifen schneiden.

4 Den Backofen auf Grillstufe vorheizen und eine Auflaufform mit etwas Olivenöl einstreichen. Das restliche Olivenöl erhitzen und darin die Zucchinischeiben auf beiden Seiten knusprig braten. Salzen und pfeffern und auf dem Boden der Auflaufform verteilen. Die Schnitzel mit Schalotten und Sauce auf die Zucchini geben, Salbei darüber streuen und mit Fontina belegen. Die Form in den Backofen (mittlere Schiene) schieben und die Schnitzel kurz überbacken.

Variante

Die Schnitzel mit Zucchinigemüse servieren, ohne sie zu überbacken.

Tipp

Genießen Sie als Vorspeise Melone mit rohem Rinderschinken und als Nachspeise marinierte Erdbeeren (siehe Seite 102).

Eiweißreich

Wie in Umbrien

Für 2 Portionen

2 dünne Kalbsschnitzel à ca. 150 g
Salz
schwarzer Pfeffer
2 Schalotten
40 g Butter
100 ml trockener Weißwein
2 Lorbeerblätter
1 Zucchino (ca. 300 g)
etwa 8 Blättchen frischer Salbei
6 EL Olivenöl
4 dünne Scheiben Fontina (italienischer halbfester Schnittkäse)

Zubereitungszeit

etwa 40 Minuten

Pro Portion

3071 kJ/733 kcal
45 g Eiweiß
56 g Fett
2 g Ballaststoffe
201 mg Cholesterin

Getränketipp

Dazu passt ein gut gekühlter weißer Orvieto aus Umbrien.

Kalbskoteletts mit Gorgonzolaspinat

Costolette di vitello con spinaci al gorgonzola

Aus der Lombardei

Für 2 Portionen

300 g tiefgefrorener Blattspinat
2 Kalbskoteletts à ca. 200 g
Salz
schwarzer Pfeffer
einige Blättchen frischer Salbei
1 Zweig frischer Rosmarin
50 g Coppa di Parma (roher Schinkenspeck)
4 EL Olivenöl
50 g Butter
50 ml trockener Weißwein
100 ml Fleischbrühe
1 kleine Zwiebel
2 Knoblauchzehen
1 Messerspitze gemahlene Muskatnuss
100 g Gorgonzola (oder andere Blauschimmelkäse, z. B. Roquefort)
100 g Sahne

Zubereitungszeit

etwa 50 Minuten

Pro Portion

4965 kJ/1189 kcal
47 g Eiweiß
103 g Fett
4 g Ballaststoffe
275 mg Cholesterin

Getränketipp

Dazu passt ein lombardischer Weißwein Valcalepio aus der Provinz Bergamo.

1 Den Spinat auftauen und in einem Sieb abtropfen lassen. Die Kalbskoteletts unter fließendem kaltem Wasser abspülen und mit Küchenpapier trockentupfen. Mit Salz und Pfeffer würzen.

2 Den Salbei waschen, trockentupfen und in feine Streifen schneiden. Rosmarin waschen, trockenschwenken und die Nadeln vom Zweig zupfen.

3 Den Schinkenspeck sehr fein würfeln. In einer Pfanne das Olivenöl erhitzen und darin die Kalbskoteletts auf beiden Seiten scharf anbraten. Den Schinkenspeck und 20 Gramm Butter hinzufügen und nach 2 Minuten mit Weißwein und Fleischbrühe aufgießen. Salbei und Rosmarin einrühren.

4 Die Kalbskoteletts zugedeckt auf mittlerer Stufe etwa 20 Minuten schmoren. In der Zwischenzeit Zwiebel und Knoblauch abziehen und fein würfeln. Den Blattspinat etwas hacken.

5 Die restliche Butter in einem Topf erhitzen und darin Zwiebel- und Knoblauchwürfel anbraten. Den Spinat hinzufügen und mit Salz, Pfeffer und Muskat würzen. Den Gorgonzola grob zerkleinern, mit Sahne verrühren und über den Spinat gießen. Den Spinat nur noch kurz ziehen lassen.

6 Die Kalbskoteletts auf zwei große Teller legen und mit Bratensauce beträufeln. Gorgonzolaspinat dazu servieren.

Tipp

Servieren Sie als Vorspeise einen Rohkostsalat aus gehobeltem Rot- und Weißkohl mit einer Essig-Öl-Marinade und mit Pistazien garniert.

Truthahngeschnetzeltes mit Marsalarahm

Spezzatino di tacchino al marsala

1 Das Fleisch kalt abspülen, mit Küchenpapier trockentupfen und in dünne Streifen schneiden. Mit Pfeffer und etwas Oregano einreiben. Aprikosen in Streifen schneiden, Saft aufbewahren. Zwiebel und Knoblauch abziehen, fein würfeln.

2 In einer Pfanne das Olivenöl erhitzen und die Fleischstreifen darin von allen Seiten scharf anbraten. Herausnehmen, auf einen Teller legen und salzen.

3 Die Butter in den Bratensatz geben und Zwiebel- und Knoblauchwürfel glasig braten. Mit Marsala ablöschen und mit Weißwein aufgießen. Unter ständigem Rühren die Aprikosenmarmelade und die Sahne hinzufügen. Mit Salz, Cayenne-pfeffer und Pfeffer würzen.

4 Das Fleisch mit entstandenem Bratensaft und die Aprikosenstreifen mit etwas Aprikosensaft unter den Pfanneninhalt mischen. Nicht mehr kochen lassen und nochmals abschmecken.

Tipps

- Servieren Sie dazu frittierte Auberginen, Zucchini und Zwiebelchen.
- Im Sommer sind frische Aprikosen natürlich das Beste. Konservierte Früchte sind auch außerhalb der Saison eine gute Alternative – aber mit Süßstoff.

In der cucina italiana …

… werden Aprikosen sowohl in der Küche als auch zum Brennen von aromatischen Schnäpsen verwendet. Die feinen, saftig süßen Früchte, deren Ursprünge wahrscheinlich in China liegen, gelangten zur Zeit der Römer nach Italien. Hier gedeihen sie als winterharte Pflanzen hervorragend in Südtirol und im Trient.

Eiweißreich

Schnell und köstlich

Für 2 Portionen
250 g Truthahnbrustfilet
schwarzer Pfeffer
gerebelter Oregano
4 Aprikosenhälften (Dose)
1 kleine Zwiebel
2 Knoblauchzehen
2 EL Olivenöl
Salz
1 EL Butter
6 cl Marsala (italienischer Dessertwein)
50 ml Weißwein
1 EL Diät-Aprikosenmarmelade (mit Süßstoff)
150 g Sahne
1 Messerspitze Cayennepfeffer

Zubereitungszeit
etwa 30 Minuten

Pro Portion
2582 kJ/616 kcal
33 g Eiweiß
43 g Fett
1 g Ballaststoffe
174 mg Cholesterin

Getränketipp
Dazu passt ein gut gekühlter Chardonnay aus dem Trient, z. B. von den Weingütern Kettmeir oder Lageder.

Eiweißreich

Schweinefiletspießchen

Spiedini di maiale al marsala

Aus Venetien

Für 2 Portionen

300 g Schweinefilet
Salz
schwarzer Pfeffer
etwa 16 Blättchen frischer Salbei
2 Knoblauchzehen
3 EL Olivenöl
8 hauchdünn geschnittene Speckscheiben
5 cl Marsala (italienischer Dessertwein)
100 ml Bratensauce (Fertigprodukt)
2 EL Crème fraîche

Zubereitungszeit

etwa 30 Minuten

Pro Portion

2881 kJ/688 kcal
36 g Eiweiß
57 g Fett
0 g Ballaststoffe
141 mg Cholesterin

Getränketipp

Dazu passt ein gut gekühlter Weißwein wie Pinot bianco oder Pinot Grigio aus Venetien.

1 Das Schweinefilet in dünne Scheibchen schneiden. Mit Salz und Pfeffer würzen. Salbeiblättchen waschen und trockentupfen. Den Knoblauch abziehen und durch die Presse drücken. Mit 1 Esslöffel Olivenöl verrühren.

2 Das Fleisch mit den Salbeiblättchen abwechselnd auf vier Schaschlikspieße stecken. Jeden Fleischspieß girlandenförmig mit 2 Speckscheiben fest umwickeln. Nur leicht salzen und pfeffern und mit Knoblauchöl einpinseln.

3 Das restliche Olivenöl in einer Pfanne erhitzen und darin die Fleischspieße rundherum kräftig anbraten. Mit Marsala ablöschen und mit Bratensauce aufgießen. Bei geschlossenem Topf und mittlerer Hitze etwa 15 Minuten schmoren.

4 Die Filetspießchen auf zwei Teller verteilen. Die Bratensauce mit Crème fraîche verfeinern, salzen, pfeffern und über die Spieße geben.

Tipp

Servieren Sie dazu ein Pfannengemüse aus kleinen Auberginen-, Zucchini- und Fenchelwürfeln.

In der cucina italiana …

… hat man Marsala immer im Küchenschrank. Marsala gehört zu den Südweinen, denen zusätzlicher Alkohol – meist in Form von Branntwein – zugegeben wurde. Marsala, dessen feines Aroma an alten Sherry erinnert, wird in der italienischen Küche häufig zum Ablöschen des Bratensatzes von Kalbs- und Putenschnitzeln verwendet. Gute Qualität ist wichtig, da man den Alkohol im Gericht nicht, wie bei Weinen sonst üblich, verdampfen lässt.

Fleisch und Gemüse vom Blech

Carni e verdure al forno

1 Die Aubergine waschen, den Stielansatz entfernen, die Frucht der Länge nach vierteln und für 15 Minuten in Salzwasser legen. Den Backofen auf 200 °C (Umluft 180 °C, Gas Stufe 3–4) vorheizen, das Backblech dabei im Ofen lassen. Die drei Fleischsorten beidseitig mit Salz und Pfeffer einreiben.

2 Den Fenchel putzen, längs vierteln, die Viertel quer halbieren und waschen. Das Fenchelgrün sehr fein hacken. Tomate waschen, Stielansatz entfernen und in Viertel schneiden. Knoblauch abziehen, fein würfeln und mit den italienischen Kräutern und dem Olivenöl verrühren. Die Mischung gut salzen und pfeffern.

3 Die Auberginenviertel aus dem Salzwasser nehmen und mit Küchenpapier trockentupfen. Das heiße Backblech aus dem vorgeheizten Ofen nehmen und mit Olivenöl bestreichen. Fleisch und Gemüse darauf verteilen und mit Knoblauch-Kräuter-Öl beträufeln.

4 Das Blech für 30 Minuten in den Backofen (mittlere Schiene) schieben. Fleisch und Gemüse zwischenzeitlich einige Male wenden und in den letzten 10 Minuten die Grillstufe einschalten. Für die Sauce die Eigelbe mit dem Weißwein in einer hitzebeständigen Schüssel über heißem Wasserbad cremig aufschlagen.

5 Die Schüssel aus dem Wasserbad nehmen und die Butter teelöffelweise unterschlagen. Zitronensaft und Fenchelgrün unterrühren. Mit Salz und Pfeffer abschmecken und in eine Sauciere füllen. Gemüse und Fleisch auf zwei vorgewärmten großen Tellern verteilen. Die Sauce separat dazu reichen.

Varianten
Beliebiges Gemüse der Saison verwenden und als Sauce Pesto dazu reichen.

Tipp
Genießen Sie zur Nachspeise Birnensalat mit Zitronenmascarpone.

Eiweißreich

Für Gäste

Für 2 große Portionen
1 kleine Aubergine
Salz
2 kleine Lammkoteletts
2 Schweinefiletscheiben à ca. 50 g
1 Rinderfiletscheibe à ca. 80 g
schwarzer Pfeffer
1 Fenchelknolle
1 Fleischtomate
4 Knoblauchzehen
1 EL getrocknete italienische Kräutermischung
50 ml Olivenöl
Olivenöl für das Backblech
2 Eigelbe
4 EL trockener Weißwein
50 g flüssige Butter
Saft von 1/2 Zitrone

Zubereitungszeit
etwa 50 Minuten

Pro Portion
3403 kJ/812 kcal
42 g Eiweiß
67 g Fett
7 g Ballaststoffe
430 mg Cholesterin

Getränketipp
Dazu passt ein apulischer Roséwein Lizzano oder ein Castel del Monte.

Eiweißreich

Geschmortes Kaninchen mit Tomaten-Oliven-Sauce

Coniglio con le olive

Toskanische Genüsse

Für 2 große Portionen
etwa 1 kg Kaninchenfleischteile mit Knochen
Salz
schwarzer Pfeffer
1 Zweig frischer Rosmarin
4 EL Olivenöl
1/4 l trockener Rotwein
1/8 l Fleisch- oder Gemüsebrühe
2 Gewürznelken
1 Lorbeerblatt
3 Fleischtomaten
1/2 Bund glatte Petersilie
50 g schwarze Oliven
2–4 Knoblauchzehen

Zubereitungszeit
etwa 1 Stunde 30 Minuten

Pro Portion
4345 kJ/1036 kcal
86 g Eiweiß
65 g Fett
3 g Ballaststoffe
328 mg Cholesterin

Getränketipp
Dazu passt ein samtiger Chianti Classico, in dem auch das Kaninchenfleisch geschmort werden kann.

1 Die Kaninchenteile unter fließendem kaltem Wasser abspülen und mit Küchenpapier trockentupfen. Mit Salz und Pfeffer einreiben. Den Rosmarin waschen und trockenschwenken.

2 Das Olivenöl in einem breiten Topf erhitzen und darin die Kaninchenteile von allen Seiten anbraten. Mit Rotwein und Brühe aufgießen. Rosmarin, Nelken und Lorbeerblatt hinzufügen. Das Fleisch bei geschlossenem Topf etwa 60 Minuten leicht kochen lassen.

3 In der Zwischenzeit die Tomaten kreuzweise einschneiden, mit kochendem Wasser überbrühen, abziehen und klein würfeln. Die Petersilie waschen, trockenschwenken, die Blättchen von den Stielen zupfen und fein hacken. Oliven entkernen und in Streifen schneiden. Den Knoblauch abziehen.

4 Tomaten, Petersilie, Oliven und Knoblauch in den Kaninchentopf rühren und das Ganze bei geschlossenem Topf weitere 15 Minuten garen. Nochmals abschmecken und servieren.

Tipp

Reichen Sie zu diesem Schmorgericht entweder kräftig schmeckende Gemüse wie Rosenkohl oder Rotkohl mit Pistazien, Brokkoli mit Mandeln oder geschmorten Fenchel mit Pinienkernen.

In der cucina italiana …

… speziell in der toskanischen Küche wird großer Wert auf Qualität und gute, unverfälschte und frische Zutaten gelegt. Es wird mit nur wenigen, ausgewählten Zutaten gekocht. Alles, was nicht zum Geschmack der Speisen beiträgt, kommt erst gar nicht zur Verwendung. In der Toskana kocht man eher fettarm – im Wesentlichen mit kleinen Mengen von gutem, leichtem Olivenöl – und dennoch würzig. Man verwendet gerne Peperoni und viel Knoblauch sowie Rosmarin, Salbei, Thymian, Oregano, Majoran, Minze und Estragon, aber auch Fenchelsamen, Zimt und Nelken. Risotti und Nudelgerichte kennt die traditionelle toskanische Küche kaum, dafür eine Vielfalt an Gemüsegerichten – vor allem mit weißen Bohnen und Tomaten als Hauptzutaten. Dazu wird bevorzugt das salzarme toskanische Landbrot serviert, aus dem auch die köstlichen Crostini zubereitet werden. Fleisch, vor allem Rindfleisch, wird gerne gegrillt. Daneben gibt es eine ganze Zahl von Hühnergerichten und natürlich Kaninchen. In der Toskana stellt man auch vorzügliche Wurstwaren her, die jedoch kaum exportiert werden. Bei den Käsen sind viele der regionaltypischen Sorten aus Schafsmilch, allen voran der Pecorino.

Italienischer Schweinebraten mit gegrilltem Radicchio

Arista di maiale con radicchio ai ferri

Toskanische Impressionen

Für 2–3 Portionen

500 g Schweinelende
Meersalz
schwarzer Pfeffer
1 TL Fenchelsamen
1 Knoblauchzehe
1 Schalotte
1 kleine Möhre
6 EL Olivenöl
200 ml trockener Weißwein
2 kleine Köpfe Radicchio
1 EL Aceto Balsamico
geschälte Pistazien

Zubereitungszeit

etwa 1 Stunde 30 Minuten

Pro Portion

2143 kJ/512 kcal
47 g Eiweiß
28 g Fett
4 g Ballaststoffe
140 mg Cholesterin

Getränketipp

Dazu passt ein toskanischer Weißwein Vernaccia di San Gimignano aus der Provinz Siena.

1 Den Backofen auf 140 °C (Umluft 120 °C, Gas Stufe 1) vorheizen. Die Schweinelende an der Oberfläche quer mit einem scharfen Messer viermal 1/2 Zentimeter tief einschneiden. Rundherum mit Meersalz, Pfeffer und Fenchel einreiben. Knoblauch, Schalotte und Möhre lediglich waschen, nicht abziehen und in grobe Stücke schneiden.

2 In einem Bräter 2 Esslöffel Öl erhitzen. Das Fleisch darin anbraten, vorbereitetes Gemüse einstreuen und den Bräter in den Backofen (mittlere Schiene) schieben. Während der Garzeit von 1 1/4 Stunden das Fleisch zwei- bis dreimal wenden, dabei mit etwas Weißwein beträufeln.

3 Kurz vor Ende der Garzeit den Radicchio in Blätter zerteilen, diese putzen, längs halbieren, unter fließendem kaltem Wasser gründlich waschen und trockenschwenken. Mit den Schnittstellen nach oben nebeneinander in eine Auflaufform legen. Mit Salz und Pfeffer würzen und mit 2 Esslöffeln Olivenöl beträufeln.

4 Das Fleisch aus dem Backofen nehmen, in Folie wickeln und 10 Minuten ruhen lassen. Den Backofen auf Grillstufe einstellen und den Radicchio (mittlere Schiene) etwa 10 Minuten grillen; dabei mehrmals wenden.

5 Den Bratensatz mit restlichem Weißwein loskochen und durch ein Sieb streichen. Das Fleisch aus der Folie nehmen, entstandenen Bratensaft in die Weinsauce gießen. Fleisch in vier Scheiben schneiden und auf vorgewärmte Teller verteilen. Löffelweise mit Sauce überziehen. Radicchio auf eine Platte geben, leicht mit Essig und restlichem Öl würzen. Mit Pistazien bestreut servieren.

Lammgulasch aus Molise

Agnello alla molisana

1 Am Vortag den Lammschlegel entbeinen, das Fleisch in Würfel schneiden. Den Rosmarin waschen, trockenschwenken und die Nadeln von den Zweigen zupfen. Knoblauch abziehen und fein würfeln. Die Chilischote putzen, längs aufschneiden, entkernen, waschen und fein würfeln.

2 Das Fleisch mit Olivenöl, Chili, Rosmarin und Knoblauch vermischen. Mit Klarsichtfolie abdecken und über Nacht in den Kühlschrank stellen.

3 Am Zubereitungstag die Zwiebeln abziehen, halbieren und in Streifen schneiden. In einem Topf Butter erhitzen und darin die Zwiebelstreifen etwa 10 Minuten bei mittlerer Hitze braten. Das Lammfleisch hinzufügen und etwa 10 Minuten bräunen. Vorsichtig mit Salz und Pfeffer würzen.

4 Das Fleisch mit Rotwein und Brühe aufgießen. Alles bei starker Hitze einmal aufkochen lassen, dann den Topf mit einem Deckel verschließen und das Fleisch bei mittlerer Hitze etwa 40 Minuten schmoren.

5 Die Eier verquirlen und mit Käse verrühren. Das Lammfleisch nochmals abschmecken und mit der Käsemischung verrühren. Sofort servieren.

Variante

Das Gericht wird noch feiner und ist noch schneller hergestellt, wenn anstelle von magerem Lammschlegel Lammfilet gewählt wird. Die Garzeit beträgt dann nur etwa 15 Minuten.

Tipps

- Beim ersten Salzen sollten Sie eher sparsam sein, da der Käse sehr würzig ist – lieber würzen Sie nach.
- Servieren Sie als Vorspeise Sellerie- und Möhrensalat mit Mascarponecreme und zum Dessert den italienischen Digestif Vin Santo aus der Toskana.

Eiweißreich

Feines Sonntagsgericht

Für 2–3 Portionen
400 g Lammschlegel
2 Zweige frischer Rosmarin
4 Knoblauchzehen
1 frische rote Chilischote
10 EL Olivenöl
2 Zwiebeln
40 g Butter
Salz
schwarzer Pfeffer
100 ml trockener Rotwein
1/4 l Fleischbrühe
2 Eier
50 g frisch geriebener Pecorino (italienischer Hartkäse aus Schafsmilch)

Zubereitungszeit
1 Stunde 10 Minuten
Marinierzeit 12 Stunden

Pro Portion
2423 kJ/579 kcal
46 g Eiweiß
39 g Fett
1 g Ballaststoffe
334 mg Cholesterin

Getränketipp
Dazu passt ein Roséwein, z. B. ein Rosato Castelli Romani aus dem Latium.

Gefüllter Kalbsrollbraten aus Ligurien

Cima alla genovese

Ein Klassiker

Für 6 Portionen

4 Eier
50 g geschälte Pistazien
100 g Schweinefilet
100 g Kalbsschnitzel
200 g tiefgefrorene Erbsen
50 g frisch geriebener Parmigiano Reggiano (Parmesan)
Salz
schwarzer Pfeffer
1 EL getrockneter Majoran
1 Messerspitze gemahlene Muskatnuss
700 g entbeinte Kalbsbrust, zu einem großen dünnen Stück geschnitten
1/2 Bund Suppengemüse
1 kleine Zwiebel
einige schwarze Pfefferkörner
2 Lorbeerblätter

Zubereitungszeit

etwa 2 Stunden 10 Minuten

Pro Portion

1534 kJ/366 kcal
41 g Eiweiß
20 g Fett
4 g Ballaststoffe
261 mg Cholesterin

Getränketipp

Dazu passt ein leichter Weißwein Verdicchio aus den Marken.

1 Von den Eiern 2 Stück in etwa 10 Minuten hart kochen. Mit kaltem Wasser abschrecken, pellen und in dünne Scheiben schneiden. Die Pistazien in einen Plastikbeutel geben und mit dem Fleischklopfer fein zerbröseln. Schweinefilet und Kalbsschnitzel sehr fein hacken.

2 Das gehackte Fleisch mit den restlichen, rohen Eiern, den gefrorenen Erbsen, den Pistazien und dem Käse zu einem geschmeidigen Teig kneten. Mit Salz, Pfeffer, Majoran und Muskatnuss würzen.

3 Die große Kalbfleischscheibe mit einem Fleischklopfer etwas flach klopfen und auf beiden Seiten mit Salz und Pfeffer würzen. Die Hälfte des Fleischteiges auf der Kalbfleischscheibe verteilen, mit Eierscheiben belegen und mit dem Rest Fleischteig überziehen.

4 Das Kalbfleisch zu einer Rolle formen und mit Küchengarn fest umwickeln. Das Suppengemüse putzen, waschen und in grobe Stücke schneiden. Die Zwiebel waschen, nicht abziehen und vierteln.

5 Den Kalbsrollbraten in einen großen Topf legen. Suppengemüse, Zwiebel, Pfefferkörner, Salz und Lorbeerblätter hinzufügen und mit reichlich kaltem Wasser begießen. Nach dem ersten Aufkochen die Hitze reduzieren und den Topf mit einem Deckel verschließen. Die Garzeit beträgt etwa 1 1/2 Stunden.

6 Den Braten aus der Brühe nehmen, auf einem Holzbrett etwa 20 Minuten ruhen lassen. Die Brühe durch ein Sieb streichen. Den Rollbraten in dickere Scheiben schneiden und lauwarm mit etwas Brühe servieren oder kalt mit frischen Salaten genießen.

Geschmortes Kalbfleisch mit Gemüse

Ossobuco con verdure

1 Die Kalbshaxenscheiben kalt abspülen, trockentupfen und mit Salz und Pfeffer einreiben. Das Suppengemüse putzen, waschen und in etwa 1/2 Zentimeter kleine Würfel schneiden.

2 Zwiebel und Knoblauch abziehen und fein würfeln. Salbeiblättchen waschen, trockentupfen und in feine Streifen schneiden. In einem breiten Topf das Olivenöl erhitzen. Die Kalbshaxenscheiben darin auf beiden Seiten scharf anbraten und auf einem Teller beiseite stellen.

3 Suppengemüse, Zwiebel- und Knoblauchwürfel sowie Tomatenmark im Bratensatz anrösten. Mit Weißwein ablöschen und mit Fleischbrühe aufgießen. Fleisch, Salbei und Lorbeerblätter einlegen. Den Deckel auflegen und das Fleisch bei mittlerer Hitze etwa 1 3/4 Stunden schmoren lassen.

4 Kohlrabi schälen und in Stifte schneiden. Rosenkohl putzen, waschen und nach Größe halbieren. Wirsing in Blätter zerteilen, putzen, waschen und in Streifen schneiden. Gemüse in kochendem Salzwasser 5 Minuten blanchieren. In ein Sieb gießen, mit kaltem Wasser abschrecken und abtropfen lassen.

5 In einer Pfanne die Butter erhitzen, darin das Gemüse schwenken. Mit Salz und Pfeffer würzen. Je 1 Fleischscheibe mit Sauce auf einen großen vorgewärmten Teller geben und das Gemüse rundherum anrichten. Sofort servieren.

Varianten

- Die Sauce nach Belieben mit einem Mixstab pürieren und mit etwas Marsala abschmecken.
- Einen Klecks Mascarpone mit etwas frischem Salbei auf das Gericht geben.

Eiweißreich

Eine Spezialität

Für 2–3 Portionen
2 Kalbshaxenscheiben
à ca. 300 g
Meersalz
schwarzer Pfeffer
1 Bund Suppengemüse
1 Zwiebel
2 Knoblauchzehen
einige Blättchen
frischer Salbei
4 EL Olivenöl
2 EL Tomatenmark
1/8 l Weißwein
1/8 l Fleischbrühe
2 Lorbeerblätter
200 g Kohlrabi
200 g Rosenkohlröschen
100 g Wirsing
30 g Butter

Zubereitungszeit
etwa 2 Stunden

Pro Portion
2413 kJ/577 kcal
40 g Eiweiß
37 g Fett
10 g Ballaststoffe
138 mg Cholesterin

Getränketipp
Dazu passt ein toskanischer Sammarco, ein Verschnitt aus Cabernet und Sangiovese vom Weingut Castello di Rampolla.

Eiweißreich

Rinderfiletpfanne aus dem Ofen

Filetto di manzo al forno

Für Gäste

Für 2 Portionen
200 g Champignons
1/2 Bund glatte Petersilie
50 g Coppa di Parma (oder anderer durchwachsener Räucherschinken)
1 kleine Zwiebel
1 EL Butter
Kräutersalz
schwarzer Pfeffer
50 ml Rotwein
4 Scheiben Rinderfilet à ca. 60 g
Saft von 1/2 Zitrone
3 EL Olivenöl

Zubereitungszeit
etwa 35 Minuten

Pro Portion
1901 kJ/430 kcal
34 g Eiweiß
30 g Fett
2 g Ballaststoffe
118 mg Cholesterin

Getränketipp
Dazu passt ein Vino rosso da Tavola di Toscana, z. B. ein Bentivoglio.

1 Die Champignons putzen und feinblättrig schneiden. Die Petersilie waschen, trockenschwenken, die Blättchen von den Stielen zupfen und fein hacken. Den Schinken fein würfeln.

2 Die Zwiebel abziehen und fein würfeln. Den Backofen auf 200 °C (Umluft 180 °C, Gas Stufe 3–4) vorheizen.

3 In einer feuerfesten Pfanne die Butter erhitzen und darin die Zwiebelwürfel glasig braten. Schinken und Champignons einstreuen und das Ganze mit Salz und Pfeffer würzen.

4 Sobald der Pilzsaft verdampft ist, Petersilie und Rotwein einrühren. Die Rinderfiletscheiben mit Pfeffer und Zitronensaft einreiben. Auf das Pfannengemüse legen und alles mit Olivenöl beträufeln.

5 Die Pfanne in den Backofen (mittlere Schiene) schieben. Die Filetsteaks während der Garzeit von etwa 20 Minuten je nach gewünschtem Garzustand zweimal wenden, dabei salzen und mit Bratensauce beträufeln. In der Pfanne servieren.

Tipps

- Reichen Sie dazu eine Insalata mista, mit Fenchel, Möhren, Staudensellerie, Zucchini, Paprika, Oliven, Zwiebelstreifen und einem Olivenöl-Aceto Balsamico-Dressing.
- Verfeinern Sie dieses Rezept nach Belieben mit Sahne oder Mascarpone.

Eiweißreich

Rinderrouladen in Barolo

Involtini al barolo

1 Die Fleischtomaten waschen und in kleine Stücke schneiden. Zwiebel und Möhre waschen, nicht schälen und in kleine Stücke schneiden. Den Speck in kleine Würfel schneiden.

2 Petersilie und Basilikum waschen, trockenschwenken, die Blättchen von den Stielen zupfen und fein hacken. Knoblauch abziehen und durch die Presse drücken. Kräuter, Knoblauch, Käse und Pinienkerne vermischen.

3 Die Fleischscheiben flach klopfen und mit Salz und Pfeffer würzen. Mit je 1 Schinkenscheibe belegen und die Käse-Kräuter-Mischung darauf verteilen. Fest aufrollen und mit Rouladennadeln fixieren.

4 Das Olivenöl in einem breiten Topf erhitzen und darin die Rouladen rundherum anbraten. Zwiebel-, Möhren-, Speck- und Tomatenstücke einstreuen und unter Rühren mitbraten. Mit Rotwein und Brühe begießen. Den Deckel auflegen und die Rouladen auf kleiner Stufe etwa 45 Minuten garen.

5 Die Rouladen aus dem Topf nehmen und auf vorgewärmte Teller verteilen. Die Sauce durch ein Sieb streichen, nochmals abschmecken und über das Fleisch träufeln. Sofort servieren.

Tipp

Reichen Sie dazu als Gemüsebeilage die Peperonata von Seite 31.

In der cucina italiana …

… gehört zu einem guten Essen auch ein guter Wein. Erzeugt aus der hochwertigsten Rebsorte des Piemont, der Nebbiolotraube, verwundert es nicht, dass Baroloweine recht teuer sind. Für einen besonderen Anlass jedoch ist es sicherlich adäquat, diesen Wein mit seinem intensiven und nuancierten Bukett zu öffnen. Vor dem Servieren sollte ein Barolo zwei Stunden in der Karaffe atmen.

Ein Leckerbissen

Für 2 Portionen

2 Fleischtomaten
1 Zwiebel
1 kleine Möhre
20 g Räucherspeck
einige Stängel Petersilie und Basilikum
2 Knoblauchzehen
1 EL frisch geriebener Parmigiano Reggiano (Parmesan)
1 EL gehackte Pinienkerne
2 dünne große Rinderlendenscheiben à ca. 120 g
Salz
schwarzer Pfeffer
2 dünne Scheiben gekochter Schinken
2 EL Olivenöl
1/4 l Barolo (trockener Rotwein)
1/8 l Fleischbrühe

Zubereitungszeit

etwa 1 Stunde 10 Minuten

Pro Portion

2509 kJ/598 kcal
42 g Eiweiß
34 g Fett
3 g Ballaststoffe
119 mg Cholesterin

Getränketipp

Dazu passt der bereits zum Kochen verwendete Barolo.

Fisch und Meeresfrüchte

Pesci e crostacei

Mit wenigen Ausnahmen grenzen alle Regionen Italiens ans Meer – das bedeutet natürlich, dass fangfrischer Meeresfisch einen festen Platz im Speiseplan einnimmt. Aber auch in den Alpengebieten und rund um die großen Binnenseen im Zentrum des Stiefels haben die köstlichen Seefischrezepte eine lange Tradition. Oft wird der Fisch schnell und schonend zubereitet, meist auf dem Holzkohlegrill, und lediglich mit Zitronensaft, Salz, Pfeffer und Olivenöl gewürzt. Das ist – wie man zugeben muss – völlig ausreichend, um den feinen Fischgeschmack zu unterstützen. Besonders gerne kombiniert man Fische oder Meeresfrüchte mit neutralem Gemüse – ganz Trennkost-like.

Eiweißreich

Fischfilets und Krabben in Sahnesülze

Pesce in gelatina

Für besondere Anlässe

Für 1 Kastenform
250 g geschälte Garnelen
250 g Seezungenfilets
Saft von 1/2 Zitrone
Salz
schwarzer Pfeffer
1/2 Bund glatte Petersilie
200 ml trockener Weißwein
500 g Naturjoghurt
100 g Crème fraîche
3 Tütchen Gelatinepulver à 9 g

Zubereitungszeit
40 Minuten
Kühlzeit mindestens 4 Stunden

Pro Kastenform
5510 kJ/1316 kcal
137 g Eiweiß
56 g Fett
0 g Ballaststoffe
636 mg Cholesterin

Getränketipp
Dazu passt ein trockener Weißwein Blanc aus dem Aostatal von der Winzerei Vevey.

1 Die Garnelen der Länge nach halbieren, entdarmen, gründlich abspülen und trockentupfen. Auch die Fischfilets abspülen und trockentupfen. Garnelen und Fisch mit Zitronensaft säuern, salzen und pfeffern. Die Petersilie waschen, trockenschwenken, die Blättchen von den Stielen zupfen und fein hacken.

2 Den Wein aufkochen, Fisch und Garnelen einlegen, bei mittlerer Hitze 1 Minute ziehen lassen. Mit einem Schaumlöffel herausnehmen und auf einem Teller beiseite stellen. Den Weinsud etwas abkühlen lassen, dann zum vollständigen Erkalten in den Kühlschrank stellen.

3 Eine Kastenform so mit Klarsichtfolie auslegen, dass sie etwas überhängt. Den Joghurt mit Crème fraîche sowie Petersilie verrühren und kräftig mit Salz und Pfeffer würzen.

4 Das Gelatinepulver in den kalten Weinsud rühren und auflösen. Flüssigkeit aufkochen und durch ein Sieb streichen. Den lauwarmen Weinsud unter die Joghurt-Sahne-Creme schlagen, einen Teil davon auf den Boden der Kastenform gießen. Die Garnelenhälften darauf legen und mit Creme begießen. Die Fischfilets einlegen und wieder Creme darüber gießen. Sowie alles aufgebraucht ist, mit der überhängenden Folie abdecken. Zum Festwerden für mindestens 4 Stunden in den Kühlschrank stellen.

5 Die Terrine aus der Form stürzen, Folie abziehen. Die Terrine mit einem scharfen Messer in Scheiben schneiden.

Tipp
Reichen Sie dazu Rucolasalat oder Feldsalat mit Weißweinzwiebelchen und gehobeltem Käse.

Rotbarsch mit Tomatensauce und Auberginen

Spigola con melanzane

1 Die Fischfilets unter fließendem kaltem Wasser abspülen und mit Küchenpapier trockentupfen. Mit Salz, Pfeffer und Zitronensaft würzen. Die Aubergine waschen, den Stielansatz entfernen, die Frucht der Länge nach halbieren und in Scheiben schneiden. Mit Salz bestreuen und 20 Minuten ruhen lassen.

2 Zwiebel und Knoblauch abziehen und fein würfeln. Tomaten kreuzweise einschneiden, mit kochendem Wasser überbrühen, abziehen und entkernen. Das Fruchtfleisch in kleine Stücke schneiden. Basilikum waschen, trockentupfen und in feine Streifen schneiden.

3 In einer Pfanne Olivenöl erhitzen und Zwiebel- und Knoblauchwürfel anbraten. Tomatenstücke hinzufügen, bei kleiner Hitze etwa 5 Minuten dünsten. Salzen, pfeffern und mit Rotwein aufgießen. Weitere 10 Minuten leicht kochen.

4 Eigelbe und Sahne verquirlen. Die Auberginenscheiben trockentupfen und leicht pfeffern. 40 Gramm Butter in einer Pfanne erhitzen. Die Auberginenscheiben durch die Eimischung ziehen und in der Butter portionsweise beidseitig braten. Herausnehmen und warm stellen.

5 Die restliche Butter in der Pfanne erhitzen und darin die Fischfilets in 8 bis 10 Minuten knusprig braten. Die Tomatensauce nochmals abschmecken und mit Basilikum verfeinern. Auberginen auf zwei Teller verteilen, darauf die Fischfilets legen und mit Tomatensauce überziehen.

Variante

Das Rotbarschfilet in Stücke schneiden, auf Spieße stecken und grillen. Zusammen mit einer Knoblauchmayonnaise und gedünstetem Blattspinat mit Mandeln servieren. Die Auberginen dekorativ neben dem Fisch platzieren.

Sizilianische Grüße

Für 2 Portionen

2 Rotbarschfilets à ca. 150 g (ersatzweise Kabeljau oder anderer Barsch)
Meersalz
schwarzer Pfeffer
Saft von 1/2 Zitrone
1 kleine Aubergine (ca. 300 g)
1 kleine Zwiebel
2 Knoblauchzehen
3 Fleischtomaten
einige Blättchen frisches Basilikum
4 EL Olivenöl
100 ml Rotwein
2 Eigelbe
3 EL Sahne
60 g Butter

Zubereitungszeit

etwa 40 Minuten

Pro Portion

3085 kJ/735 kcal
34 g Eiweiß
58 g Fett
6 g Ballaststoffe
203 mg Cholesterin

Getränketipp

Dazu passt ein trockener Weißwein Verdicchio di Castelli di Jesi aus der Provinz Ancona in den Marken.

Eiweißreich

Muscheln nach Art der Adria

Cozze all'adriatico

Ein Festessen

Für 2 Portionen
2 kg frische Miesmuscheln
1 Zwiebel
2 Knoblauchzehen
1/2 Bund glatte Petersilie
Salz
4 EL Olivenöl
250 g geschälte Tomaten im Saft (Fertigprodukt)
1/2 l trockener Weißwein
2 Lorbeerblätter
Kräutersalz
geschroteter schwarzer Pfeffer
gerebelter Oregano nach Geschmack

Zubereitungszeit
etwa 40 Minuten

Pro Portion
2140 kJ/511 kcal
20 g Eiweiß
27 g Fett
2 g Ballaststoffe
227 mg Cholesterin

Getränketipp
Dazu passt ein Weißwein Oltrepò Pavese aus der Provinz Pavia, der auch für den Muschelsud verwendet werden kann. Als Dessertwein bietet sich ein goldbrauner Moscato di Scanzo, eine Rarität aus Bergamo, an.

1 Die Miesmuscheln unter fließendem kaltem Wasser gründlich bürsten und in kaltem Wasser so oft spülen, bis das Wasser klar bleibt. Bereits geöffnete Muscheln aussortieren.

2 Zwiebel und Knoblauch abziehen und fein würfeln. Die Petersilie waschen, trockenschwenken, die Blättchen von den Stielen zupfen und fein schneiden. Salzwasser zum Kochen aufstellen.

3 Die Muscheln in das kochende Wasser geben, die Hitze reduzieren und den Topf mit einem Deckel verschließen. Die Muscheln etwa 5 Minuten kochen, bis sich alle Schalen geöffnet haben. Nicht geöffnete Muscheln aussortieren.

4 In einem großen breiten Topf das Olivenöl erhitzen und darin Zwiebel- und Knoblauchwürfel anbraten. Tomatenstücke mit Saft 5 Minuten mitdünsten und dann mit Weißwein und einigen Esslöffeln Muschelsud aufgießen.

5 Lorbeerblätter, Salz, Pfeffer, Oregano und Petersilie in die Tomatensauce einrühren. Die Muscheln einlegen, alles vorsichtig vermischen und in zwei großen Servierschüsseln zu Tisch bringen.

Tipps

- Stellen Sie Staudensellerie, Möhren und Artischocken zum Dippen für die Tomatensauce bereit. Servieren Sie zusätzlich schwarze und grüne Oliven als Appetithäppchen.
- In gut sortierten Fischfachgeschäften werden die Miesmuscheln kilogrammweise und geputzt in Netzen angeboten. Sie müssen sie nicht mehr mühselig schrubben, sondern nur noch in kaltem Wasser spülen, bis das Wasser klar bleibt.

Seezungenröllchen mit Salbei und Zucchini

Involtini di sogliola al vino bianco

1 Die Seezungenfilets unter fließendem kaltem Wasser abspülen und trockentupfen. In acht Stücke von etwa 50 Gramm schneiden. Salzen, pfeffern und mit Zitronensaft beträufeln. Salbeiblätter waschen und trockentupfen.

2 Je 2 Salbeiblätter auf 1 Fischstück legen, aufrollen und mit jeweils einem Holzstäbchen fixieren. Den Zucchino waschen, vom Stiel- und Blütenansatz befreien, die Frucht der Länge nach vierteln und in Scheibchen schneiden. Schalotten abziehen und fein würfeln.

3 Das Olivenöl in einer Pfanne erhitzen und darin den Zucchino von allen Seiten anbraten. Mit Salz, Pfeffer und Safran abschmecken, warm stellen.

4 Die Butter erhitzen und die Schalottenwürfel glasig braten. Mit Weißwein aufgießen und aufkochen lassen.

5 Die Hitze reduzieren und die Fischröllchen einlegen. Bei milder Hitze in 5 bis 8 Minuten gar ziehen lassen. Die Fischröllchen auf einem Teller beiseite stellen und den Fischfond durch ein Sieb streichen.

6 Den Fond mit Sahne unter Rühren kurz einkochen lassen. Restlichen Salbei in feine Streifen schneiden, einstreuen. Mit Salz, Pfeffer und Zitronensaft abschmecken. Fischröllchen und Zucchini auf Teller verteilen, mit Sauce überziehen.

Variante

Die Fischfilets in Butter braten und mit Salbeisahnesauce überziehen. Als Beilage eine Gemüsemischung aus Zucchini, Möhren, Paprika und Auberginen.

Tipp

Genießen Sie als Vorspeise Blattspinat mit Pinienkernen und Gorgonzola.

Eiweißreich

Feines Sonntagsgericht

Für 2 Portionen

400 g Seezungenfilets (ersatzweise Schollenfilet)
Salz
schwarzer Pfeffer
Saft von 1/2 Zitrone
etwa 16 Blättchen frischer Salbei
1 Zucchino (400 g)
2 Schalotten
4 EL Olivenöl
1/2 Döschen Safran
40 g Butter
1/8 l Weißwein
200 g Sahne

Zubereitungszeit

etwa 40 Minuten

Pro Portion

3870 kJ/924 kcal
41 g Eiweiß
76 g Fett
2 g Ballaststoffe
259 mg Cholesterin

Getränketipp

Dazu passt ein Weißwein Lessini Durello aus den Provinzen Verona oder Vicenza.

Fischterrine mit Zitronenremoulade

Sogliola in terrina con salsa maionese

Ligurische Grüße

Für 1 Kastenform
200 g Seezungenfilets (ersatzweise Schollenfilet)
Saft von 1 Zitrone
Salz
weißer Pfeffer
2 cl Wermut (Noilly Prat, ersatzweise Sherry)
1 Eiweiß
4 große Wirsingblätter
1 kleine Möhre
1/2 Stange Porree
1 Bund gemischte frische Kräuter (Dill, Oregano, Kerbel, Basilikum, Petersilie)
20 g Butter
400 g Fischfilet (Lachs, Seewolf, Seezunge)
100 g geschälte Garnelen
100 g Sahne
Butter für die Form
2 gekochte Eigelbe
1 rohes Eigelb
100 ml Olivenöl
2 EL Weißweinessig

Zubereitungszeit
etwa 1 Stunde 50 Minuten
Kühlzeit 60 Minuten

Pro Kastenform
10251 kJ/2450 kcal
157 g Eiweiß
195 g Fett
8 g Ballaststoffe
1393 mg Cholesterin

Getränketipp
Dazu passt ein frischer leichter toskanischer Weißwein aus der Provinz Siena Val d´Arbia.

1 Die Seezungenfilets unter fließendem kaltem Wasser abspülen und mit Küchenpapier trockentupfen. In etwa 1 Zentimeter große Stücke schneiden und mit etwas Zitronensaft, Salz, Pfeffer und Wermut würzen. Mit dem verschlagenen Eiweiß vermischen und zugedeckt 1 Stunde in den Kühlschrank stellen.

2 In der Zwischenzeit die Wirsingblätter putzen, waschen und in kochendem Salzwasser 1 Minute blanchieren. Mit kaltem Wasser abschrecken und abtropfen lassen. Die Möhre schälen und fein würfeln. Den Porree putzen, der Länge nach halbieren, gründlich zwischen den einzelnen Blattschichten waschen und fein würfeln. Die Kräuter waschen, trockenschwenken, die Blättchen von den Stielen zupfen und fein hacken.

3 Die Butter erhitzen und darin die Gemüsewürfel kurz andünsten. Salzen, pfeffern und die Hälfte der Kräuter einrühren; den Pfanneninhalt in eine Schüssel umfüllen. Die restlichen Fischfilets und die Garnelen abspülen und mit Küchenpapier trockentupfen. Die Garnelen entdarmen, den Fisch in kleinere Stücke schneiden. Beides mit Salz, Pfeffer und Zitronensaft würzen.

4 Den Backofen auf 170 °C (Umluft 150 °C, Gas Stufe 2) vorheizen und in einem für die Kastenform passenden Bräter Wasser aufkochen. Die Kastenform mit Butter ausstreichen und die Wirsingblätter nebeneinander einlegen, so dass ein Teil über den Formrand hängt.

5 Die Seezungenfilets aus dem Kühlschrank nehmen und mit der Sahne im Küchenmixer fein pürieren. Die Gemüsewürfel unterrühren und das Ganze mit Salz und Pfeffer abschmecken. Ein Drittel der Fischfarce auf dem Boden der Form verteilen. Mit Fischfilets belegen und das zweite Drittel Farce darauf streichen. Garnelen darüber streuen, mit der Fischfarce abschließen und glatt streichen.

6 Die Terrine mit den überhängenden Wirsingblättern abdecken und mit Alufolie verschließen. Die Form in das kochende Wasser stellen und in den Backofen (mittlere Schiene) schieben. Die Garzeit beträgt etwa 40 Minuten.

7 Die gekochten Eigelbe hacken und mit dem rohen Eigelb mit einem elektrischen Handrührgerät verquirlen. Nach und nach das Olivenöl unterschlagen. Mit Weißweinessig, restlichem Zitronensaft, Salz und Pfeffer abschmecken. Restliche Kräuter unterrühren. In eine Sauciere füllen und bis zum Servieren kühl stellen.

8 Die Kastenform aus dem Bräter nehmen und 10 Minuten stehen lassen. Die Terrine stürzen, in dickere Scheiben schneiden und servieren.

Tipp
Servieren Sie die Fischscheiben auf einem mit Vinaigrette angemachten Salatbett aus Rucola, Radicchio, Fenchel und Staudensellerie. Überziehen Sie sie mit Zitronenremoulade.

Steinbuttfilet auf Gemüsebett

Rombo con verdure

Pfiffig und schnell

Für 2 Portionen
400 g Steinbuttfilet
Meersalz
schwarzer Pfeffer
100 ml trockener Weißwein
1 kleine Zwiebel
1 Knoblauchzehe
1 kleiner Zucchino
1 Möhre
1 rote Paprikaschote
2 Fleischtomaten
einige Blättchen frischer Oregano und frisches Basilikum
5 EL Olivenöl
100 ml trockener Weißwein
3 EL Butter
2 EL Mascarpone

Zubereitungszeit
etwa 40 Minuten

Pro Portion
3247 kJ/774 kcal
39 g Eiweiß
54 g Fett
7 g Ballaststoffe
184 mg Cholesterin

Getränketipp
Zu diesem edlen Gericht passt ein italienischer Schaumwein Spumante Brut Ferrari oder ein Cartizze.

1 Die Fischfilets unter fließendem kaltem Wasser abspülen und trockentupfen. Mit Salz und Pfeffer würzen und mit etwas Weißwein beträufeln.

2 Zwiebel und Knoblauch abziehen und fein würfeln. Den Zucchino waschen, Stiel und Blütenansätze entfernen, die Möhre schälen. Beides zuerst der Länge nach vierteln und dann quer in Scheibchen schneiden.

3 Die Paprikaschote waschen, vierteln, putzen und in 1 Zentimeter große Stücke schneiden. Die Tomaten kreuzweise einschneiden. Mit kochendem Wasser überbrühen, abziehen, entkernen und das Fruchtfleisch in Würfel, gleich groß wie die Paprikastücke, schneiden. Die Kräuterblättchen waschen, trockentupfen und in feine Streifen schneiden.

4 In einem Topf das Olivenöl erhitzen und Zwiebel- und Knoblauchwürfel darin anbraten. Das restliche Gemüse einstreuen und unter Rühren einige Minuten dünsten. Mit dem Weißwein aufgießen und 10 Minuten leicht kochen lassen. Mit Salz und Pfeffer würzen.

5 Die Butter in einer Pfanne erhitzen. Die Fischfilets darin auf jeder Seite 4 Minuten braten. Das Gemüse mit Mascarpone verrühren und auf zwei Teller verteilen. Die Fischfilets darauf anrichten. Die Kräuter kurz im Bratfett schwenken und über den Fisch geben.

Varianten

- Das Fischfilet kann ganz nach dem Angebot des Tages ausgewählt werden, geeignet sind z. B. Zander, Lachs, Felchen, Rotbarsch, Goldbrasse oder Seelachs.
- Das i-Tüpfelchen in diesem feinen Gericht wäre noch 1 Prise gemahlener Safran im Gemüsebett.

Tipp

Servieren Sie als Vorspeise eine Zucchinicremesuppe mit Zucchiniblüten.

Lachs und Gemüse überbacken

Salmone con verdure al forno

1 Den Kohlrabi schälen, in sehr dünne Scheiben schneiden und in kochendem Salzwasser 2 Minuten blanchieren. Kalt überbrausen und abtropfen lassen.

2 Den Lachs unter fließendem kaltem Wasser abspülen und mit Küchenpapier trockentupfen. Mit Salz, Pfeffer und etwas Zitronensaft würzen.

3 Die Frühlingszwiebeln putzen, waschen und fein hacken. Die Garnelen kalt abspülen, mit Küchenpapier trockentupfen, entdarmen und fein hacken. Mit Zitronensaft beträufeln.

4 Den Backofen auf 200 °C (Umluft 180 °C, Gas Stufe 3–4) vorheizen und eine Auflaufform mit Butter ausstreichen.

5 Die Butter in einem Topf erhitzen und die Frühlingszwiebeln anschwitzen. Mit Sahne aufgießen und aufkochen lassen. Von der Kochstelle ziehen, kurz abkühlen lassen und die Garnelen unterrühren.

6 Die Eigelbe unter die Sahne quirlen und mit Salz, Pfeffer und Cayennepfeffer pikant würzen.

7 Lachs- und Kohlrabischeiben in die Form schichten und dabei jede Lage mit der Sahnemischung beträufeln. Mit etwas Sahne abschließen. Den Auflauf in den Ofen (mittlere Schiene) schieben und etwa 20 Minuten überbacken; die Oberfläche sollte goldbraun sein.

Variante

Dieser geschichtete Auflauf bekommt einen feinen nussigen Geschmack, wenn Sie ihn mit Knollensellerie anstelle von Kohlrabi zubereiten.

Tipp

Servieren Sie zum Fischgericht einen Salat in den italienischen Landesfarben, aus Tomaten, Mozzarella und Oregano, mit etwas Aceto balsamico und feinem Olivenöl beträufelt und mit Salz und Pfeffer gewürzt.

Eiweißreich

Raffiniert

Für 2 Portionen
1 Kohlrabi
Salz
8 dünne Lachsscheiben à ca. 50 g
weißer Pfeffer
Saft von 1/2 Zitrone
2 Frühlingszwiebeln
150 g geschälte Garnelen
Butter für die Form
20 g Butter
300 g Sahne
2 Eigelbe
1 Messerspitze Cayennepfeffer

Zubereitungszeit
etwa 40 Minuten

Pro Portion
4193 kJ/1002 kcal
59 g Eiweiß
80 g Fett
2 g Ballaststoffe
631 mg Cholesterin

Getränketipp
Dazu passt als Aperitif ein Solleone aus Umbrien, vom Weingut Dr. Giorgio Lungarotti, und zum Gericht selbst ein Chardonnay.

Desserts

Dolci

Wenn man in Italien ein Dessert bestellt, dann kann man davon ausgehen, dass es himmlisch süß ist. Die dolci – Süßigkeiten – runden ein italienisches Menü perfekt ab. Gerne reicht man Eis, Cremespeisen oder frische Früchte der Saison mit einem kleinen Stück aromatischem Käse. Sehr beliebt sind auch die vielen verschiedenen kleinen Plätzchen, die zum »caffè« (Espresso), zum Cappuccino oder Dessertwein gereicht werden. Und zu festlichen Anlässen gibt es schon einmal eine üppige Torte mit fruchtigem oder nussigem Inhalt.

Aufgeschlagene Weincreme

Zabaione alla siciliana

Ein luftiger Genuss

Für 2 Portionen

3 Eigelbe
3 EL Puderzucker
4 cl Marsala (italienischer Dessertwein)
4 Löffelbiskuits

Zubereitungszeit

etwa 10 Minuten

Pro Portion

946 kJ/226 kcal
10 g Fett
23 g Kohlenhydrate
0 g Ballaststoffe
406 mg Cholesterin

Getränketipp

Zu diesem luftig leichten Dessert passen Cappuccino und Espresso.

1 Einen Topf mit Wasser zum Kochen aufstellen. In einer dazu passenden hitzebeständigen Schüssel die Eigelbe schaumig schlagen und mit Puderzucker kurz verrühren.

2 Die Schüssel in das heiße Wasserbad stellen und mit einem Schneebesen unentwegt 5 bis 8 Minuten rühren. 2 Esslöffel Wasser und den Marsala nach und nach unterschlagen und weiterschlagen, bis eine luftige Creme entstanden ist.

3 Die Creme noch kurz kalt schlagen und in zwei hohe Weingläser oder Dessertschalen füllen. Mit den Löffelbiskuits garniert sofort servieren.

Tipps

- Reichen Sie anstelle von Löffelbiskuits Amaretti dazu.
- Fügen Sie zur Creme nach Belieben noch etwas Zimt oder abgeriebene Zitronenschale.

In der cucina italiana …

… hat die sizilianische Küche ein ganz eigenes Flair. Man findet auf dieser Insel Gewürze, Zutaten und Geschmacksverbindungen, die in den übrigen italienischen Regionen unbekannt sind und die kulinarische Beweisstücke der wechselvollen Geschichte Siziliens sind.
Griechen, Araber, Römer, Normannen, Franzosen und Spanier brachten ihre jeweiligen Spezialitäten hierher, und die Sizilianer verbanden diese auf gelungene Weise mit ihrer einheimischen Kochtradition. Allen voran die Araber bereicherten die Küche, sie brachten Couscous, Zitrusfrüchte, Reis, Zucker und vielerlei exotische Gewürze nach Sizilien.
So verwundert es nicht, dass viele sizilianische Süßspeisen eine stark arabische Prägung haben. Das wohl berühmteste Dessert aus dem südlichsten Teil Italiens ist die Cassata, eine geeiste Biskuittorte mit einer üppigen Füllung aus Ricotta, Schokoladenstückchen und gebackten kandierten Früchten, die früher bei keinem Festessen fehlen durfte.

Geeiste Espressocreme

Semifreddo al caffè

1 Einen Topf mit Wasser zum Kochen aufstellen. 150 Gramm Sahne steif schlagen und bis zum Gebrauch in den Kühlschrank stellen. 50 Gramm Sahne in der Mikrowelle oder auf kleiner Stufe auf der Kochstelle erwärmen.

2 In einer hitzebeständigen Schüssel die Eigelbe mit Zucker sowie Vanillinzucker verrühren und über dem heißen Wasserbad cremig aufschlagen.

3 Die warme Sahne und den warmen Espresso nach und nach unter die Creme über dem Wasserbad schlagen. Schüssel vom Topf nehmen und die Creme kalt schlagen. Die Schlagsahne unterheben.

4 Die Kaffeecreme in zwei große Espressotassen füllen und für etwa 4 Stunden zum Gefrieren in das Tiefkühlfach stellen.

5 Zum Servieren die Creme etwa 5 Minuten antauen lassen, zuerst mit Puderzucker und dann mit Kakaopulver bestäuben und mit einigen Kaffeebohnen dekorieren.

Tipp

Sie können dazu mürbes Waffelgebäck wie Ferratelle reichen.

In der cucina italiana ...

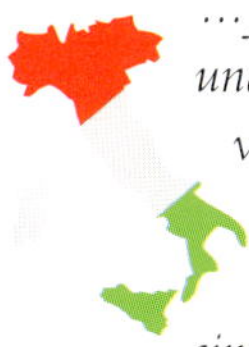

... findet man eine Vielfalt von Keksen und Kleingebäck. Einige Sorten werden zum Frühstück gereicht, andere sind eine süße Verlockung zu besonderen Anlässen, manche sind die kleine Schleckerei zum Abschluss eines Menüs, andere einfach die Beigabe zum vormittäglichen Cappuccino. Beispiele für letztere Gelegenheit sind Kakaoplätzchen (Castagnole), Mandelmakronen (Ricciarelli), die man in Siena backt, oder Haselnusskekse (Nocciotine) aus Venetien. Zu der im nebenstehenden Rezept beschriebenen Creme passen Amaretti, Mandelknochen (Ossi da mordere), Spritzgebäck, wie man es im Piemont kennt, oder Gewürzplätzchen.

Kohlenhydratreich

Herbsüße Köstlichkeit

Für 2 Portionen
200 g Sahne
2 Eigelbe
4 EL Zucker
1/2 Päckchen Vanillinzucker
1 Tasse starker warmer Espresso
Puderzucker und Kakaopulver zum Bestäuben
einige Kaffeebohnen

Zubereitungszeit
etwa 4 Stunden 20 Minuten
Gefrierzeit 4 Stunden

Pro Portion
2225 kJ/531 kcal
39 g Fett
40 g Kohlenhydrate
1 g Ballaststoffe
361 mg Cholesterin

Getränketipp
Dazu passt ein Glas gut gekühlter roter Asti Spumante.

Eiweißreich

Marinierte Erdbeeren

Fragole all'aceto balsamico

Nicht alltäglich

Für 2 Portionen
400 g kleine süße Erdbeeren
2 EL Aceto balsamico
1 EL Honig
einige Blättchen frische Melisse

Zubereitungszeit
etwa 1 Stunde 10 Minuten
Marinierzeit 1 Stunde

Pro Portion
386 kJ/92 kcal
2 g Eiweiß
1 g Fett
4 g Ballaststoffe
0 mg Cholesterin

Getränketipp
Dazu passt ein italienischer Schaumwein Asti Spumante.

1 Die Erdbeeren verlesen, Stielansätze entfernen, die Früchte waschen und trockentupfen.

2 Die Erdbeeren in eine Schüssel geben. Den Essig mit Honig gründlich verrühren und über die Früchte gießen. Mit Folie abdecken und 1 Stunde bei Zimmertemperatur marinieren lassen.

3 Die Erdbeeren auf Dessertschalen verteilen. Die Melisseblättchen waschen und trockentupfen und die Erdbeeren damit dekorieren.

Tipps

- Verrühren Sie nach Belieben etwas Mascarpone mit Honig, und geben Sie einen Löffel davon über die Erdbeeren.
- Je kleiner die Erdbeeren, umso intensiver schmecken sie. Achten Sie möglichst darauf, dass die Erdbeeren nicht so groß sind, dass sie halbiert werden müssen. Optisch sehen sie dann nicht so schön aus wie ganze Früchte.

In der cucina italiana …

… wird Essig nicht nur für Salat verwendet. Aceto balsamico – der feine Essig aus den Provinzen Modena und Reggio – schmeckt intensiv aromatisch und würzt bereits in kleinen Mengen. Damit lässt sich sein relativ hoher Preis verschmerzen, der nicht von ungefähr kommt: Aceto balsamico wird in einem sehr aufwändigen und langwierigen Verfahren hergestellt, worin das Geheimnis seines Aromas liegt.

Im Gegensatz zu Weinessig, der, wie der Name sagt, aus Wein hergestellt wird, ist für Balsamessig Traubensaft das Ausgangsprodukt – meist der Saft aus Trebbianotrauben. Der Traubensaft wird in Kupferkesseln zu Sirup eingekocht, dann mit Essigbakterien versetzt und für den Gärprozess in Holzfässer gefüllt. Während der Dauer der Gärung von mindestens 3 Jahren – alter Aceto balsamico lagert bis zu 20 Jahre – wird er immer wieder in Fässer aus anderem Holz umgefüllt, dessen jeweilige spezielle Aromastoffe der Essig nach und nach aufnimmt und ihn so dunkel werden lässt.

Rote Mascarponecreme

Mascarpone rosso

1 Die Erdbeeren verlesen, Stielansätze entfernen, die Früchte waschen und trockentupfen. Mit einer Gabel zu Mus zerdrücken.

2 Das Erdbeermus mit Mascarpone und Fruchtdicksaft verrühren. In zwei Dessertschalen füllen, mit Folie abdecken und für 1 Stunde kühl stellen. Den Mascarpone kurz vor dem Servieren mit Pistazien bestreuen.

Variante

Frische oder tiefgefrorene gemischte Beeren eignen sich für dieses schnell zubereitete Rezept genauso gut.

Tipps

- Reichen Sie dazu zusätzlich frische Erdbeeren oder gemischte Früchte.
- Mit dieser Creme können Sie auch Biskuittorten oder Kleingebäck füllen.
- Zu Mascarpone passen neben frischen Früchten auch sehr gut eingelegtes Obst, Nüsse, Kakao und Schokolade.

In der cucina italiana …

… gibt es einen Frischkäse der besonderen Art – Mascarpone. Dieser Frischkäse wird nicht aus Milch, sondern aus frischer Sahne hergestellt, der Grund für seine zartcremige und glatte Beschaffenheit. Mascarpone wird im Gegensatz zu festen, gereiften Käsen nie für sich serviert, er dient vielmehr in der warmen Küche als Verfeinerungszutat, insbesondere für Pastasaucen und -füllungen. Am häufigsten findet man ihn jedoch in Süßspeisen und Desserts, als cremige, erfrischende Hauptzutat od als Füllung, etwa vermischt mit Sahne Torten, und natürlich im allseits beliebt Tiramisu. Aufgrund seines neutralen Geschmacks kann Mascarpone mit viel geschmacksgebenden Zutaten, frischen o getrockneten Früchten, Nüssen und Ke Schokoladenstücken, veredelt werden. W seiner relativ festen Konsistenz können Creme aus Mascarpone auch gut flüssi halbflüssige Zutaten untergemischt wer Fruchtdicksaft, Likör, Dessertwein oder Rum.

Eiweißreich

Fruchtig und cremig

Für 2 Portionen
300 g Erdbeeren
200 g Mascarpone
2 EL Apfel- oder Birnendicksaft
2 EL geschälte Pistazien

Zubereitungszeit
etwa 1 Stunde 10 Minuten
Kühlzeit 1 Stunde

Pro Portion
2386 kJ/569 kcal
7 g Eiweiß
47 g Fett
4 g Ballaststoffe
150 mg Cholesterin

Getränketipp
Dazu passt zum Abschluss ein Grappa oder ein Gläschen Orangenlikör – das kann man sich zu festlichen Anlässen ruhig gönnen.

Kohlenhydratreich

Gefrorener Ricotta

Semifreddo di ricotta

Klassisch elegant

Für 2 Portionen

2 Eigelbe
50 g Zucker
1/2 Päckchen Vanillinzucker
1 EL dunkler Rum
250 g Ricotta (italienischer Frischkäse)
Kakaopulver zum Bestäuben

Zubereitungszeit

10 Minuten
Gefrierzeit 2 Stunden

Pro Portion

1743 kJ/416 kcal
26 g Fett
28 g Kohlenhydrate
1 g Ballaststoffe
326 mg Cholesterin

Getränketipp

Dazu passt als Abschluss ein Glas schwerer dunkelroter Barolo.

1 Eigelbe mit Zucker, Vanillinzucker und Rum cremig rühren. Ricotta untermengen.

2 Die Frischkäsecreme in zwei Dessertschalen füllen, glatt streichen und dick mit Kakaopulver bestäuben.

3 Den Ricotta für etwa 2 Stunden in das Tiefkühlfach stellen. Vor dem Servieren 5 bis 10 Minuten antauen lassen.

Tipps

- Servieren Sie zum gefrorenen Ricotta Mandelplätzchen, Ossi da mordere (Mandelknochen), italienische Biskuitröllchen oder piemontesisches Spritzgebäck. Sehr gut passen auch Castagnole (Kakaoplätzchen), toskanische Ricciarelli (Mandelmakronen) oder venetianische Noccioline (Haselnusskekse).
- Bereiten Sie die Ricottamasse einmal mit etwas Fruchtmus von vollreifen (Beeren-)Früchten und statt mit Rum mit etwas Likör verrührt zu. Das Dessert ist dann aber eiweißreich.

In der cucina italiana …

… verwendet man Ricotta für süße und herzhafte Gerichte. Er harmoniert mit frischen und getrockneten Früchten ebenso wie mit feinen Gemüsen und ist eine herrliche Beigabe in Saucen und Füllungen. Ricotta kann auch selbst zubereitet werden: 2 Liter Vollmilch mit 1/4 Liter Buttermilch, Naturjoghurt oder Sauerrahm verrühren. Die Mischung aufkochen und unter Rühren einige Minuten kochen lassen, bis die Milch gerinnt. Ein weites Sieb mit einem großen durchlässigen Mulltuch auslegen und die Milch hineingießen. Die Masse etwa 1 Stunde abtropfen lassen. Dann das Tuch zusammennehmen und den Frischkäse noch etwas auspressen. Der Ricotta kann sofort verwendet oder im Kühlschrank bis zu 3 Tagen aufbewahrt werden.

Kastanienberg mit Sahnehaube

Monte Bianco

1 Reichlich Salzwasser aufkochen. Die Kastanien kreuzweise einschneiden, in das Wasser geben und 15 Minuten leicht kochen lassen. Die Hälfte der Sahne mit Vanillinzucker steif schlagen und bis zum Gebrauch in den Kühlschrank stellen.

2 Die Kastanien abgießen und noch warm schälen, so dass nur das weiße Fruchtfleisch übrig bleibt. Dieses mit der restlichen Sahne und dem Zucker etwa 10 Minuten kochen.

3 Die Kastaniensahne kurz abkühlen lassen, im Mixer pürieren und die Schlagsahne unterheben. In zwei Dessertschalen häufen, mit Likör beträufeln und mit Sahnehauben bedecken. Sofort mit Puderzucker bestäubt servieren oder für kurze Zeit in den Kühlschrank stellen.

Tipps

- Servieren Sie diese Süßigkeit entweder zum Nachmittagskaffee oder nach einer Kohlenhydratmahlzeit.
- Sollte Sie der Appetit auf Kastanien außerhalb der Saison überkommen – es gibt auch gute konservierte, bereits gekochte und geschälte Kastanien.

In der cucina italiana …

… isst man gerne Maronen. Dass die Früchte des (Ess-)Kastanienbaums verzehrbar sind, wussten bereits die Römer, die die Bäume aus diesem Grund auch kultivierten. Hierzulande nur als Wintersnack bekannt, sind die angenehm süßen, stärkereichen Esskastanien in Italien als Küchenzutat gebräuchlich, vorwiegend in den nördlichen Regionen und im bergigen Mittelteil. Aus gutem Grund: Die Kastanienbäume bilden ihre Früchte nur nach relativ kühlen Sommern aus. Esskastanien werden in Italien zum einen als Gemüse gegessen – immer gekocht, niemals roh –, aus ihnen werden aber auch Suppen bereitet, sie dicken Saucen an, bereichern Füllungen, und sie werden nicht zuletzt zu Gebäck verarbeitet – etwa zum ligurischen Castagnaccio aus Kastanienmehl mit Sultaninen und Pinienkernen.

Kohlenhydratreich

Ein winterlicher Genuss

Für 2 Portionen
Salz
150 g Esskastanien
1 Päckchen Vanillinzucker
200 g Sahne
30 g Zucker
2 cl Strega-Likör oder Rum
Puderzucker zum Bestäuben

Zubereitungszeit
etwa 40 Minuten

Pro Portion
2245 kJ/536 kcal
33 g Fett
50 g Kohlenhydrate
5 g Ballaststoffe
109 mg Cholesterin

Getränketipp
Dazu passt Espresso oder Cappuccino.

Tiramisu im Tässchen

Tiramisù in tazze da cappuccino

Dekorativ und köstlich

Für 2 Portionen
2 Eigelbe
150 g Mascarpone
2 EL Zucker
4 Löffelbiskuits
2 Portionen kalter Espresso
100 g geschlagene Sahne
Kakaopulver zum Bestäuben

Zubereitungszeit
etwa 2 Stunden 20 Minuten
Kühlzeit 2 Stunden

Pro Portion
2721 kJ/649 kcal
55 g Fett
27 g Kohlenhydrate
1 g Ballaststoffe
447 mg Cholesterin

Getränketipp
Dazu passt ein Gläschen Dessertwein Vin Santo aus der Toskana.

1 Die Eigelbe mit Mascarpone und Zucker cremig rühren. Die Löffelbiskuits quer in jeweils drei Stücke schneiden. Je drei Löffelbiskuitstücke auf den Boden von zwei Cappuccinotassen legen und mit Espresso beträufeln.

2 Die Hälfte der Creme auf die Löffelbiskuits streichen und die nächsten Biskuits darauf setzen. Mit Espresso beträufeln, mit der restlichen Creme bestreichen und mit Kakaopulver bestäuben. Mit Folie abdecken und für 2 Stunden in den Kühlschrank stellen.

3 Zum Servieren das Tiramisu mit Schlagsahne garnieren und mit Kakaopulver bestäuben.

Varianten

- Natürlich können Sie das Tiramisu auch auf klassische Art, in einer flachen rechteckigen Glasschüssel servieren. Dann allerdings Löffelbiskuits und Creme in jeweils nur einer Schicht einfüllen.
- Für Tiramisu mit Orangengeschmack (eiweißreich!) fügen Sie der Creme etwas abgeriebene Schale einer unbehandelten Orange und 1 Esslöffel Orangenlikör zu. Kochen Sie dann 2 Esslöffel Zucker mit 75 Milliliter Wasser und einem Stück unbehandelter Orangenschale auf, lassen Sie den Sirup wieder abkühlen, und beträufeln Sie die Löffelbiskuits statt mit Espresso mit dem Sirup. Statt das Tiramisu mit Kakaopulver zu bestäuben, garnieren Sie es mit kleinen Stücken von kandierter Orange und lassen es anschließend 2 Stunden durchziehen.

Tipps

- Beträufeln Sie die Löffelbiskuits zusätzlich mit Weinbrand.
- Verwenden Sie, wenn es einmal schnell gehen soll, fertige Schlagsahne aus der Sprühdose.
- Servieren Sie dieses Dessert ruhig auch nachmittags zum Kaffee.
- Süßen Sie die Creme zur Abwechslung mit flüssigem Honig statt mit Zucker.

Birnen mit Gorgonzola

Pere ripiene con gorgonzola piccante

1 Den Käse grob zerkleinern und mit einer Gabel in einer Schüssel zu Mus zerdrücken. Mit Butter und Sahne cremig rühren. Die Creme mit Pfeffer und eventuell wenig Salz würzen.

2 Die Birne waschen, längs halbieren und das Kerngehäuse großzügig herausschneiden. Das Fruchtfleisch mit Zitronensaft beträufeln.

3 Die Käsecreme in einen Spritzbeutel mit großer Sterntülle geben und als dekorative Häubchen in die beiden Birnenhälften spritzen. Mit den Mandelblättchen garniert servieren.

Tipps

- Diese Käsebirnen sind der ideale Abschluss nach einem neutralen Gemüseauflauf oder nach gemischten gebackenen Gemüsen (siehe Seite 30).
- Reichen Sie dazu eine Dessertschale mit gemischten Nüssen wie Mandeln, Pistazien, Wal- und Haselnüssen.

In der cucina italiana …

… gehören Obst und Käse zum würdigen Abschluss eines Menüs. Das liegt einerseits ganz sicher daran, dass beide Nahrungsmittel zu den ursprünglich in vielen Regionen verfügbaren Grundnahrungsmitteln gehören, andererseits aber auch daran, dass Obst und Käse einfach eine wundervolle Kombination sind.
Käse schließt den Magen, sagt man, und etwas Süßes zum Abschluss des Essens ist auch nie zu verachten, warum also nicht beides kombinieren. Das leicht salzige, mehr oder minder pikante Aroma von Käse ergänzt auf ideale Weise die feine Süße reifer Obstsorten.

Eiweißreich

Ein himmlisches Dessert

Für 2 Portionen
100 g Gorgonzola piccante
1 EL weiche Butter
2 EL Sahne
grob geschroteter schwarzer Pfeffer
Meersalz
1 große süße Birne (z. B. Williams)
1/2 TL Zitronensaft
2 EL Mandelblättchen

Zubereitungszeit
etwa 15 Minuten

Pro Portion
1487 kJ/359 kcal
12 g Eiweiß
28 g Fett
4 g Ballaststoffe
66 mg Cholesterin

Getränketipp
Dazu passt ein gut gekühlter Weißwein

Rezeptregister (deutsch)

Rezeptregister (italienisch)

Trennkostregister

Italienische Lebensmittel nach dem Trennkostprinzip

Kohlenhydratreiche Lebensmittel	Alle Getreidesorten (ganzes Korn oder Vollkornmehl) wie Mais, Reis, Hirse, Roggen, Grünkern, Weizen, Dinkel, Hafer, Buchweizen Alle Brote und Brötchen (ohne Eiweiß), etwa Ciabatta, Focaccia, toskanisches Olivenbrot Eifreie Teigwaren aus 100 Prozent Hartweizengrieß Kartoffeln, Süßkartoffeln, Schwarzwurzeln, Grünkohl, Kastanien Obst wie Bananen (auch Kochbananen), mürbe Äpfel, ungeschwefeltes Dörrobst Italienisches Gebäck ohne Eiweiß Süßungsmittel wie Zucker (nur in Maßen genießen), Honig, Birnen- oder Apfeldicksaft *Dazu empfohlene Getränke:* Mineralwasser, Schwarz- und Kräutertee, Kaffee mit etwas Milch oder Sahne (magenverträglicher), Bier, Rotwein, Branntwein (nur in Ausnahmefällen)
Eiweißreiche Lebensmittel	Alle Sorten Fleisch, Wurstwaren und Innereien, Geflügel und Wild Alle Sorten Fische und Meeresfrüchte Milch Käse bis zu 45 Prozent Fett i. Tr. Eier Sojaprodukte wie Tofu oder Seitan, hergestellt aus Weizeneiweiß Alle Sorten Früchte außer Bananen und mürben Äpfeln *Dazu empfohlene Getränke:* Mineralwasser, Früchte- und Kräutertees, Obst- und Gemüsesäfte, Kaffee mit Milch oder Sahne (magenverträglicher), Weißwein, Schaumwein
Neutrale Lebensmittel	Alle Sorten Fette und Öle Eigelb Sahne Alle gesäuerten Milchprodukte wie Sauerrahm, Joghurt, Quark, Crème fraîche, Buttermilch, Kefir, Doppelrahmfrischkäse Käse und Käseprodukte ab 45 Prozent Fett i. Tr. wie Mascarpone, Ricotta, Parmigiano Reggiano, Grana Padano, Gorgonzola (48 Prozent Fett i. Tr.), Bel Paese (45 Prozent Fett i. Tr.), Scamorza (45 Prozent Fett i. Tr.), Büffelmozzarella (50 Prozent Fett i. Tr.), Provolone (45 Prozent Fett i. Tr.), Caciocavallo (ab 45 Prozent Fett i. Tr.), Fontina (45 Prozent Fett i. Tr.), Sardo (45 Prozent Fett i. Tr.), Taleggio (48 Prozent Fett i. Tr.) Alle Sorten frisches Gemüse – außer den kohlenhydratreichen Kartoffeln, Süßkartoffeln, Schwarzwurzeln und Grünkohl Alle Sorten Salate, Sprossen und Keimlinge Alle Sorten frische und getrocknete Speisepilze Alle Sorten frische und getrocknete Kräuter Alle Sorten frische und eingelegte Oliven – auch mit Schafskäse gefüllte Alle Sorten Samen, Nüsse, Keimlinge und Kerne Roher Rinderschinken, rohe Rindersalami und rohes Tatar *Dazu empfohlene Getränke:* hier passen alle oben aufgeführten Getränke

Über dieses Buch

Die Autorin
Rose Marie Donhauser absolvierte drei gastronomische Ausbildungen, u. a. als Köchin im Hotel Hilton International in München. Nach weiteren kulinarischen Erfahrungen in internationalen Hotels wandte sie sich 1988 dem Schreiben von Kochbüchern zu. Mittlerweile hat sie über 40 Titel veröffentlicht.

Der Fotograf
Klaus Arras lebt und arbeitet in Köln. Seit Mitte der achtziger Jahre fotografiert er im eigenen Studio, und hat sich mehr und mehr dem Themenschwerpunkt »Essen & Trinken« zugewandt. Heute entstehen in seinem Studio stimmungsvolle Stilllifes und Food-Fotos für Industrie, Werbung und namhafte Kochbuchverlage.

Bildnachweis
Alle Bilder stammen von Klaus Arras, Köln außer
Südwest Verlag, München: 6, 8, 10, 18, 24, 38, 50, 62, 80, 94, 109

Hinweis
Das vorliegende Buch ist sorgfältig erarbeitet worden. Dennoch erfolgen alle Angaben ohne Gewähr. Weder Autorin noch Verlag können für eventuelle Nachteile oder Schäden, die aus den im Buch gemachten praktischen Hinweisen resultieren, eine Haftung übernehmen.

Impressum

Lektorat: Claudia Schmidt
Projektleitung: Martina Solter
Redaktionsleitung: Michaela Röhrl
Bildredaktion: Sabine Kestler
Food-Fotografie: Klaus Arras
Food-Fotos auf Agfachrome RSX 100
Food-Styling: Ursula Virnich
Umschlagbild: Klaus Arras
Produktion: Manfred Metzger
Umschlag: Manuela Hutschenreiter
Layout: Maren Scherer
DTP: Reiner Löb

Printed in Italy

Gedruckt auf chlor- und säurearmem Papier

ISBN 3-517-07887-5